Tabitha M. E. Vogler

LifeCards

Selbstcoaching für ein glückliches Leben

Ein Kartenset mit 36 Karten

Schirner Verlag

Der Umgang mit diesem Kartenset ersetzt bei ernsthaften psychischen, emotionalen oder körperlichen Problemen nicht Ihren Arzt, einen Heilpraktiker oder Psychotherapeuten. Bitte scheuen Sie sich nicht, professionelle Hilfe in Anspruch zu nehmen. Es ist ein Akt der Stärke, eigene Grenzen zu erkennen.

ISBN 978-3-89767-343-4

Erste Auflage

Umschlag und Box: Murat Karaçay
Redaktion & Satz: Kirsten Glück, Maike Lübbers, Sharmila Maas

Printed and bound in China by Imago

www.schirner.com

Inhaltsverzeichnis

Vorwort: Das Abenteuer der eigenen Lebensreise

Wem begegne ich immer, wer verfolgt mich auf Schritt und Tritt, wem kann ich nicht entgehen? Dem eigenen Selbst. Alle Erfahrungen, die ich mache und machen werde, sind immer die eigenen, gesehen durch die eigenen Augen, gelebt mit dem eigenen Gefühl. Vieles ist dabei, was gefällt und wärmt, vieles, was missfällt und was einen aus der eigenen Mitte wirft. Das Leben sucht und findet eine Balance, immer auch in schwierigen Zeiten. Nur manchmal ist die Balance eine scheinbare, und die Schwierigkeiten wollen nicht aufhören. Wie schön, wenn man zu dieser Zeit Unterstützung erfährt, wenn einem geholfen wird, wenn man Hilfe zur Selbsthilfe bekommt.

Mit den LifeCards hat Tabitha M. E. Vogler spielerische und tiefenwirksame Karten geschaffen, die helfen, den eigenen Weg zu finden, ihn zu halten und immer wieder neu zu entdecken. Ihre ganze therapeutische und spirituelle Erfahrung ist in diese Karten eingeflossen.

Die LifeCards und die dazugehörigen Affirmationen nehmen den Menschen und seine Themen an, wie sie sind, wie sie sich zeigen. Ihre Inhalte werden getragen von der tiefen Sicherheit: Ja, ich habe eine Wahl, ich kann mich selbst lieben, so wie ich bin. Entdecken Sie den weiten Raum Ihrer Möglichkeiten, und lassen Sie sich von den Karten führen, anregen und heilen. Die LifeCards sind ein alltagstauglicher und inspirierender Wegbegleiter – eine gute Freundin, ein guter Freund auf all unseren Wegen.

Claudia Huter, im August 2007*

* Claudia Huter ist Sozial- und Literaturwissenschaftlerin und arbeitet zur Zeit als Hörfunkjournalistin und Kinesiologin.

Kapitel 1

Das Leben und die Liebe oder: Wie es einfach leichter geht

Spätestens wenn wir in einer Krise stecken, wenn wir nicht mehr wissen, wo oben und unten ist, fangen wir an, uns zu fragen, was das ganze Leben soll und welche Bedeutung unser Leben hat. Ich glaube, die wichtigsten Fragen, die wir uns im Leben stellen, betreffen das Leben selbst: Lebe ich mein Leben wirklich? Was möchte ich überhaupt? Wo möchte ich hin? Lebe ich die Vorstellungen anderer oder meine eigenen? Funktioniere ich nur, oder spüre ich Freude und Liebe? Darüber nachzudenken lohnt sich besonders in Zeiten, in denen es uns gut geht, da wir in solchen Zeiten in Klarheit über uns und unser Verhalten reflektieren können. Noch einmal eine grundsätzliche Frage: Wozu sind wir eigentlich hier auf der Erde? Was für ein Sinn steht hinter dem Leben, meinem Leben? Meine Antwort darauf besteht aus nur einem Satz: Um die Liebe zu leben und glücklich zu sein! Einfach gesagt, aber wie mache ich das? Schließlich wollen wir alle nur das eine, und heraus kommt oft etwas ganz anderes. Meistens haben wir dabei nämlich eine Kleinigkeit übersehen: Wir haben alle anderen geliebt und geliebt und geliebt, nur nicht uns selbst.

Die Liebe zu leben bedeutet also, erst einmal sich selbst zu lieben, und das scheint gar nicht so einfach zu sein. Mich selbst zu lieben heißt, das gute Gefühl zu haben, ich bin okay, so wie ich bin. Aber wie bin ich eigentlich? Oder wer bin ich eigentlich? Wie oft gehe ich über meine Gefühle hinweg und möchte es anderen recht machen? Wie oft gebe ich anderen, ohne mir selbst etwas zu geben? Wie viel gebe ich von mir selbst auf, um mich von anderen geliebt zu fühlen? Wie viel Risiko gehe ich ein, ich selbst zu sein und damit logischerweise anders als mein Gegenüber? Anders als meine Eltern, mein Partner, meine Kinder, Freunde, Bekannten?

Als wir Kinder waren, war es das Wichtigste für uns, geliebt zu werden. Denn geliebt werden hilft zu überleben. Kinder tun alles, um es ihren Eltern recht zu machen. Wie viel Enttäuschung steckt in dem Gefühl, übersehen und nicht geliebt zu werden oder nicht gut genug zu sein! Und wie viel Kraft liegt in dem Gefühl, nichts beweisen zu müssen, sondern einfach so sein zu dürfen, wie man ist! Wir haben als Kinder die einen oder anderen Erfahrungen gemacht. Heute ist es an der Zeit, uns zu erinnern und, wenn notwendig, in unserem Glaubenssystem etwas zu verändern. Für unser heutiges Leben ist es wichtig, an uns selbst zu glauben und tief in unserem Innern zu spüren, dass wir, so wie wir sind, in Ordnung sind.

Mit der Selbstliebe fängt die wahre Liebe an. Erst wer sich selbst in seinen tiefen Gefühlen kennt und wer auch seine Schattenseiten annimmt, kann andere lieben. Auch zu „unguten“ Emotionen Ja sagen zu können, gibt uns die innere Weite, nicht alles und jeden beurteilen zu wollen. Das erleichtert das Leben ungemein. Oder anders ausgedrückt: Die Liebe erleichtert das Leben ungemein. Die Liebe ist leicht, frei und freilassend. Das „freilassend“ bezieht sich auch auf die anderen. Was bedeutet es, andere zu lieben? Schließlich liebt man ja nicht jeden. Im Altgriechischen gibt es mehrere Wörter für Liebe, so wie es in der Sprache der Inuit mehrere Wörter für Schnee gibt, um einen ganz bestimmten Zustand zu beschreiben. Auch wenn wir im Deutschen nur ein Wort für Liebe haben, wissen wir doch ganz genau, dass es viele verschiedene Zustände der Liebe gibt. Das griechische Wort, an das ich denke, ist Agape. Agape meint eine ganz grundsätzliche, prinzipielle und bewusste Liebe. Wir alle kennen solche Momente in unserem Leben, wo wir die ganze Welt umarmen könnten, wo wir uns eins mit der Natur, dem Universum fühlen. Bei einem Sonnenuntergang vielleicht, bei einer Wanderung in den Bergen, in der Weite des Meeres oder bei einer Meditation. Solch eine grundsätzliche Liebe ist gemeint – das Nichts zu spüren, in dem alles enthalten ist. Ich beurteile nicht, ich beobachte nur, ich nehme den anderen so, wie er ist. Schließlich meckern wir ja auch nicht den Sonnenuntergang an, weil er heute vielleicht nicht ganz die richtige Färbung zeigt, sondern wir freuen uns einfach über das, was ist. So könnte es auch mit anderen Menschen sein.

Je weniger wir beurteilen, desto einfacher wird der Umgang mit anderen. Die Liebe erleichtert das Leben ungemein.
Und es gibt noch einen weiteren Aspekt. Die Liebe zu „Gott"*. Jeder Mensch hat das Grundbedürfnis, sich in einem großen Ganzen gut aufgehoben zu fühlen. Jeder Mensch braucht das Gefühl einer Geborgenheit, die weit über eine familiäre Geborgenheit hinausgeht. Spätestens in Krisensituationen wie bei Scheidung, Arbeitsplatzverlust, Naturkatastrophen oder dem Tod eines geliebten Menschen fragen wir nach dem, was es da noch gibt.
Wir Menschen tanzen unseren Lebenstanz auf einem Hochseil. Manchmal geht das ganz leicht und einfach. Manchmal halten wir nur mit Mühe die Balance, um ein anderes Mal fast oder ganz abzustürzen. „Gott" ist für mich das Netz unter dem Seil, auf dem wir unser Leben tanzen. Wer ein Bewusstsein für solch ein symbolisches Netz entwickelt, wird sein Leben leichter bewältigen. Ein Absturz ist immer möglich. Der eine fällt in ein weiches Netz, der andere ins Leere. Wer kann wohl leichter die Balance halten? Der, der sich grundsätzlich getragen fühlt, oder der, auf den ein Abgrund wartet?
In unserer europäischen Kultur wird Gott oft als etwas Externes gesehen, als etwas, was sich außerhalb von

* Gott kann für jeden etwas anderes bedeuten. Jeder sollte deshalb hier die Freiheit haben, den für ihn richtigen Begriff einzusetzen.

uns befindet. Wenn wir jedoch Erkenntnisse aus der Quantenphysik und Ideen aus anderen Religionen in unser Weltbild integrieren, dann liegt der Schluss sehr nahe, dass Gott auch in uns ist, beziehungsweise dass wir göttlich sind. Wir wären gleichzeitig Drahtseil, Netz, Mensch und der luftgefüllte Raum. Egal wie wir die Welt betrachten, das grundlegende Gefühl, gut aufgehoben zu sein, ist unerlässlich, wie auch immer wir es benennen: Glaube, Spiritualität, universelle Geborgenheit, höheres Selbst oder Gott.
Die Liebe leben. Mich selbst als einen Aspekt des großen Ganzen anzunehmen und andere mit den gleichen Augen anzuschauen, ist eine lebenslange Aufgabe und Herausforderung. Leben ist grundsätzlich Entwicklung pur. Und je mehr Raum wir im Inneren geben und entdecken, desto freilassender und weiter werden wir im Inneren und im Äußeren. Die LifeCards greifen diese Themen auf und ermöglichen damit, Stück für Stück, Tag für Tag, ein Mehr an Leichtigkeit, Freude, Weite und Liebe in unser Leben zu bringen.

Sich selbst besser kennenlernen

Wie macht man das? Alles fängt eigentlich mit unseren Sinnen an. Sie sind das Vehikel für unsere Wahrnehmungen. Wir nehmen sowohl uns selbst wahr als auch all die Dinge, die sich um uns herum befinden. Mit unseren Ohren z.B. hören wir, was andere sagen. Einerseits inhaltlich, andererseits tonal. Also – was wird gesagt, und wie hört es sich an? Ist jemand ärgerlich und gereizt oder fröhlich und ausgeglichen? Unsere Ohren verstehen die Nuancen. Auch in der Erinnerung haben wir Stimmen abgespeichert. Manchmal hören wir auch noch nach Jahren gut gemeinte Ratschläge im Originalton in unserem Kopf: „Zieh dir die Jacke an, sonst wirst du dich erkälten!", oder Ähnliches. Stimmen, die vielleicht zu Glaubenssätzen geworden sind, ohne dass wir sie hinterfragt haben. Was glaube ich wirklich? Auf die Idee, zu hinterfragen, ob es sich da um meine eigene Stimme oder die von anderen handelt, muss man erst einmal kommen.

Wann haben wir aber das letzte Mal unserer eigenen, inneren Stimme gelauscht? Wir haben die Fähigkeit, unseren Gedanken zu folgen und Dinge aus verschiedenen Perspektiven zu betrachten. Zu lauschen meint im Grunde sogar noch viel mehr, als nur zu hören – unter anderem auch, zu spüren. Zu spüren, was für ein Gefühl entsteht, wenn ich mich mit etwas beschäftige. Meldet sich mein Bauch mit einem unwohlen Gefühl, oder wird mir mein Herz eng? Kommen Erinnerungen oder Gedanken in meinen Kopf? Solche Körperwahrnehmungen geben uns einen direkten Hinweis darauf, wie es um uns bestellt ist. Wenn man sich selbst kennenlernen möchte, ist es gut, eine innere Achtsamkeit zu entwickeln und jede Regung des Körpers, des Geistes und der Gefühle wahrzunehmen. Auch die Menschen, die sich gut kennen, werden manche Entdeckung machen, wenn sie verstärkt achtsam mit sich sind.

Dazu ist es notwendig, ab und zu in einen gewissen Ruhezustand zu kommen. Die Welt ist heutzutage laut, grell und hektisch und übertönt unsere inneren feinen Eindrücke. Viele Gedanken schwirren uns durch den Kopf. Das ist, als wenn ein Radio auf Dauer sehr laut gestellt wäre. Zur Ruhe zu kommen würde bedeuten, das Dauergeplappere des Radios zu dämpfen oder gar ganz auszuschalten. Stille ist die Qualität, in der unsere innere Stimme wieder zu Wort kommt. Diese Stille drückt sich dann auch körperlich aus, meist durch muskuläre Entspannung und durch eine Veränderung unserer Gehirnwellen. Betawellen, wie sie im Wachzustand zu finden sind, werden in Alphawellen übergehen. Dies kennzeichnet einen Status der Entspanntheit und Aufmerksamkeit. Beobachten Sie sich in dieser Stille, ohne zu werten, seien Sie Ihr eigener neutraler Beobachter!

Die Beschäftigung mit den LifeCards führt dazu, dass man sich auch mit sich selbst beschäftigt. Es ist dabei unerlässlich, immer wieder wahrzunehmen, wie mich etwas berührt. Eine gute Vorübung für Gewahrsein und innere Achtsamkeit ist zum Beispiel folgende:

Nehmen Sie einen kleinen Gegenstand in die Hand, das könnte beispielsweise eine Murmel, ein Bergkristall, eine Eichel oder Kastanie oder ein Stück Filz sein. Schließen

Sie die Augen, und nehmen Sie wahr. Machen Sie eine Art Bestandsaufnahme.
Bleiben wir bei dem Stück Filz: Größe (so groß wie mein Handteller), Temperatur (wärmend, einhüllend), Material (rau und weich zugleich). Achten Sie auf das, was in Ihnen auftaucht: Assoziationen und Bilder (ein mit Moos ausgepolsterter Weidenkorb), Stimmen (ich bin hier ganz zu Hause), Erinnerungen (mein Großvater hat immer so einen Filzhut aufgehabt) und/oder Gefühle (meinen Großvater habe ich sehr geliebt, mein Bauch fühlt sich ganz wohlig und warm an, und mein Herz wird ganz leicht).
Dasselbe Stück Filz wird einer anderen Person vollkommen andere Gefühle vermitteln. Spielen wir das doch kurz durch: Größe (so groß wie mein Hand), Temperatur (wie meine Körpertemperatur), Material (eklig, kratzig), Assoziationen und Bilder (dreckiger Kartoffelsack), Stimmen („Hör sofort auf damit!"), Erinnerungen (meine Mutter hat mich immer in so einen ekligen braunen Pulli gesteckt, und ich musste ihn ohne Widerrede anziehen), Gefühle (ich hasse sie, immer muss ich machen, was sie will, mir ist ganz schlecht). Registrieren Sie einfach alles, ohne zu werten. Es geht im Moment nur darum, zu fühlen, zu hören, zu sehen, nach innen zu lauschen. Je öfter Sie sich das gestatten und üben, desto klarer werden die Informationen, die Sie über sich selbst bekommen. Die nächsten Schritte wären dann, die Informationen zu interpretieren und sie – wenn nötig – umzuwandeln.

Den Energiezustand verbessern und sich damit im eigenen Körper wohlfühlen

Der Mensch ist ein energetisches Wesen. Was bedeutet das? Gemäß der chinesischen Medizin verlaufen in unserem Körper Meridiane, durch die minimaler Strom fließt. Die indische Medizin kennt Chakren, die den Körper mit Energie versorgen. Es gibt auch so etwas wie ein Energiefeld um uns herum. Man kann es sogar fotografieren und vermessen. Es wird Aura genannt. In der japanischen Medizin findet man das Konzept der Energieschlösser. In vielen Kulturen, vor allem östlichen, ist bekannt, dass der Mensch sozusagen mit „Strom" läuft. Wir würden in unserem westlichen Verständnis von Lebensenergie sprechen – eine Energie, die uns am Leben erhält. Schon in der Bibel wird davon gesprochen, dass Gott dem Menschen den „Odem des Lebens" einhauchte, also den Strom, mit dem wir funktionieren. Bis heute wissen Wissenschaftler nicht, warum der Mensch altert und dann irgendwann stirbt. Das bedeutet, wir wissen bis heute nicht, warum uns der Strom, unsere Lebensenergie, ausgeht. Bis das aber eines Tages in unserem Leben wirklich geschieht, können wir sehr viel dafür tun, uns energetisch gut zu versorgen. Bekanntlich sind Körper, Seele und Geist eins. Sie können für jeden dieser Teile etwas tun.

Für den Körper:
Ausreichend Bewegung, Schlaf und Erholung. Natürliches Essen und Trinken. Wohlmeinende Berührungen. Stimmige Sexualität.
Für die Psyche (die Seele):
Verletzungen und Gefühle wie z.B. Scham, Trauer, Angst und Wut heilen lassen. Die Liebe leben.
Für den Geist:
Einen Bezug zu dem größeren Rahmen der Dinge bekommen. Spüren, dass wir alle miteinander verbunden sind und diesen göttlichen Funken in uns haben. Unsere Gedanken auf das lenken, was uns unterstützt. Das bedeutet konstruktives und positives Denken.

In den LifeCards werden viele energetische Übungen vorgestellt. Wenn wir unser Energiesystem ausgleichen, gleichen wir damit auch unseren Körper, unsere Seele und unseren Geist aus. Leider funktioniert dieser Prozess auch in umgekehrter Richtung. Daher ist es enorm wichtig, uns mit unserem Seelenleben positiv auseinanderzusetzen. Erst dann ist es möglich, unser gesamtes Energiesystem auszugleichen und zu stärken. Ein ausgeglichenes Energiesystem bildet die Basis für körperliche und mentale Gesundheit und ausgewogene Gefühle.
Unser Körper, unser Energiesystem, unsere Seele und unser Geist beeinflussen sich wechselseitig. Das bedeutet aber nicht,

dass wir einen dieser Teile nur einseitig versorgen dürfen. Wenn wir uns den ganzen Tag ausschließlich um unsere Gefühle kümmern, meditieren und positiv denken, dabei aber nie vor die Haustür kommen, frische Luft auftanken und uns Bewegung verschaffen würden, wären wir ziemlich schnell im Ungleichgewicht. Deshalb die Aufforderung: Geben Sie allen Ihren Seins-Aspekten eine Chance!

Die Sinne öffnen für noch unbekannte Dinge, flexibler und aufgeschlossener werden

An dieser Stelle möchte ich Khalil Gibran zu Wort kommen lassen. Er drückt im folgenden Gedicht mit einfachen Worten aus, wie ein eingeschränkter Horizont zu falschen Schlussfolgerungen führen kann.

Das Auge sagte eines Tages:
„Ich sehe hinter diesen Tälern
im blauen Dunst einen Berg.
Ist er nicht wunderschön?"
Das Ohr lauschte und sagte nach einer Weile:
„Wo ist ein Berg, ich höre keinen."
Darauf sagte die Hand:
„Ich versuche vergeblich, ihn zu greifen.

Ich finde keinen Berg."
Die Nase sagte: „Ich rieche nichts.
Da ist kein Berg."
Da wandte sich das Auge in eine andere Richtung.
Die anderen diskutierten weiter
über diese merkwürdige Täuschung
und kamen zu dem Schluss:
„Mit dem Auge stimmt etwas nicht."

Das Auge, aus Khalil Gibran, Der Narr

Es gibt immer wieder Menschen, die etwas leugnen oder ablehnen, weil sie es nicht kennen. Manchmal kennen sie es nicht, weil sie es nicht wahrnehmen können, so wie hier in diesem Gedicht. Bedeutet aber, dass ich etwas nicht wahrnehmen kann, dass es das nicht gibt? Sicher nicht. Und trotzdem beschränken wir uns oft durch den Glaubenssatz, dass nicht sein kann, was nicht sein darf.
Für unser Leben ist es bereichernd, Auge, Ohr und Nase zu sein. Es ist bereichernd, möglichst viel wahrnehmen zu wollen und zu können.
Offen zu sein gegenüber sich selbst heißt auch, offen zu sein für persönliche Gefühle und Gedanken, gleichzeitig andere Sichtweisen der Vergangenheit zuzulassen und neue Ideen für die Zukunft zu entwickeln.

Offen zu sein für andere Menschen bedeutet, ihre Standpunkte und Ansichten – zumindest einmal probeweise – einzunehmen und zu durchdenken. Offen zu sein für Wahrnehmungen führt uns dazu, mehr durch Intuition und unser Fein- oder Bauchgefühl zu erfassen als durch unseren Verstand. Glauben Sie mir, ich bin gerne „Auge und Ohr und Nase"! Und auch Sie könnten auf den Geschmack kommen.

Kraftvoll leben und sich auf der Erde zu Hause fühlen

Sich auf der Erde zu Hause zu fühlen ist manchmal gar nicht so einfach bei all dem uns umgebenden Stress und Kummer. Unsere Kraft im Leben hängt sehr davon ab, ob wir uns auf dieser Erde wohl und geborgen fühlen oder nicht.
Es gibt Menschen, die fühlen sich hier auf dieser Erde unwohl. Sie empfinden das ganze Leben nur als Kampf. Manche geben ganz auf, nehmen Drogen, leben in unglücklichen Beziehungen oder verlassen sogar freiwillig diese Erde. Manche haben auch das Gefühl, nicht in der richtigen Familie geboren zu sein. Sie fühlen sich ganz anders als der Rest der Familie, unverstanden, abgelehnt und ausgegrenzt. Auch mit diesem Themenkreis beschäftigen sich die LifeCards.
Mit beiden Beinen im Leben zu stehen, sich zentriert zu fühlen, Probleme und Schwierigkeiten als Herausforderungen zu betrachten, Lösungen zu finden, ohne verzweifelt zu sein,

bedeutet, hier auf der Erde zu Hause zu sein. Und das gibt Kraft.
Einen guten Kontakt mit Mutter Erde bekommt man in der Natur. Die Natur zu spüren kann vielfältig sein. Für den einen bedeutet dies, den Garten umzugraben, in der Erde zu wühlen, etwas einzusäen. Für den anderen ist es, schwimmen zu gehen, das Wasser zu fühlen und seinen Körper im Wasser arbeiten zu lassen. Für einen Dritten ist es vielleicht, mit einem Tier zu spielen, es zu versorgen und seine angenehme Nähe zu spüren. Egal was wir bevorzugen, wir sind auf jeden Fall der Natur draußen näher als in geschlossenen Räumen. Dort können wir die Kraft von Sonne, Wind, Wasser, Erde, Pflanzen und Tieren spüren. Draußen zu sein, mit allen Sinnen zu fühlen und dabei aufzutanken, bringt jeden Menschen in einen gestärkten Zustand. Haben Sie eine Idee bekommen, was Sie als Nächstes unternehmen könnten?

Kapitel 2

Verschiedene Methoden, die LifeCards zu benutzen

Die Texte der LifeCards sind immer in vier Abschnitte gegliedert:

- Einführende Worte zum Thema
- Was Sie für sich tun können
- Affirmation
- Bemerkung

Es gibt verschiedene Möglichkeiten, mit den Karten zu arbeiten:

- Sie legen alle Karten offen aus und ziehen die, die Sie am meisten anspricht. Das bedeutet, Sie arbeiten mit der Karte, die eine Botschaft für Ihre aktuelle Situation hat. Die Symbole erzählen Ihnen unterbewusst Ihre Geschichte. Zusätzlich können Sie natürlich den dazugehörigen Text lesen.
- Sie legen alle Karten offen aus und entscheiden sich für die Karte, die Ihnen am wenigsten gefällt, vielleicht sogar Angst macht oder andere unangenehme Gefühle in Ihnen weckt. So arbeiten Sie mit der Energie, die auch Schattenenergie genannt wird – das, was Sie eventuell

verdrängen, verleugnen oder aus Sicherheitsgründen weit unten in Ihrem Unterbewusstsein abgelegt haben.

- Sie legen alle Karten verdeckt vor sich hin und ziehen intuitiv die Karte, die Sie anzieht. Diese Art des Ziehens ist neutraler, vor allem wenn man die Karten schon gut kennt.
- Sie können auch mit den sechs Special LifeCards und den dreißig Basic LifeCards getrennt arbeiten und sich je eine davon wählen.
- Eine andere Möglichkeit ist auch, sich von einem Titel der Karten ansprechen zu lassen und dann den Text im Begleitbuch zu lesen.
- In einer beratenden oder therapeutischen Situation kann man sich eine Karte wählen, um eine Situation zu erhellen oder um herauszufinden, was das eigentliche Thema ist.

Grundsätzlich ist es hilfreich, sich zu fokussieren, indem man sich innerlich auf eine Frage konzentriert. Zum Beispiel: Was brauche ich, um mein Ziel zu erreichen? Welchen Aspekt in mir muss ich anschauen, um mein Verhalten ändern zu können? Was kann ich tun, damit es mir besser geht?

Egal welche Art des Umgangs Sie mit den Karten bevorzugen, kommen Sie zur Ruhe, bevor Sie anfangen, schieben Sie Ihren Alltag beiseite, seien Sie einfach ganz da. Seien Sie offen für Impulse und spielerisch wie ein Kind.

Wenn Sie die Karten besser kennen, bietet es sich an, sie verdeckt zu ziehen oder von einer anderen Person ziehen zu lassen. Wichtig ist, dass Sie das bewusste Denken außen vor lassen können und mehr und mehr Ihr Unterbewusstsein sprechen lassen.

Wenn Sie eine Karte gefunden haben, dann lesen Sie den ersten Teil der Karte, und schauen Sie, wie er Sie anspricht. In der Regel erkennt man ziemlich schnell seine eigene Situation. Wenn Sie spüren, dass diese Karte etwas mit Ihnen zu tun hat, lesen Sie weiter.

Was du für dich tun kannst. Unter dieser Überschrift finden Sie auf jeder Karte Anregungen: Energie- und Zentrierungsübungen, Imaginationen, Visualisierungen, Phantasiereisen, Rituale etc. – Übungen, die viel Kraft haben und auch ernsthaft ausgeführt werden wollen. Manchmal auch über eine Zeitspanne von mehreren Tagen. Lassen Sie sich von der Karte begleiten. Stellen Sie sie an einen Ort, wo sie Ihnen täglich mehrmals ins Auge fällt. Stellen Sie sie auf Ihren Nacht- oder Schreibtisch, hängen Sie sie ins Bad, oder klemmen Sie sie an Ihre Küchentür. Wo auch immer die Karte sich befindet, sie wird in jedem Fall auf Ihr Unterbewusstsein wirken. Bilder und Symbole umgehen unser Alltagsbewusstsein und kommunizieren mit tieferen Schichten. Allein durch das Bild sind Sie mit Ihrer Thematik verbunden; und denken Sie daran, dass die Bilder cantillieren (siehe Seite 24), Sie werden so automatisch gestärkt.

Die Kartentexte sind alle im persönlichen Du gehalten, damit sie das Unterbewusstsein direkt ansprechen.

Die *Affirmationen* helfen, die Themen über Autosuggestion unterbewusst zu integrieren.
Und die *Bemerkungen* geben jeweils kurze Zusatzinformationen zum Thema.

Über die Bilder der LifeCards

Die Bilder berühren inhaltlich Themen wie:

- leichter und besser leben
- flexibler und aufgeschlossener werden
- sich im eigenen Körper wohlfühlen
- an sich selbst glauben
- mit anderen einfacher umgehen können
- unsere Sinne für noch unbekannte Dinge öffnen

Die Bilder sind in zwei Kategorien eingeteilt:
die sechs Hauptkarten, die sogenannten Special LifeCards, und dreißig weitere Karten, die sogenannten Basic LifeCards. Jeder Karte ist eine Zahl und eine Überschrift zugeordnet. Zum Beispiel: II – Die Wurzeln (römische Ziffern für die Special LifeCards) und 6 – Die Sonne (arabische Ziffern für die Basic LifeCards). Zusätzlich sind die Special LifeCards durch einen farbigen Rahmen hervorgehoben. Das macht die Bilder wiedererkennbar und symbolhaft. Das Wort ‚Sonne' z.B. hat numerologisch gesehen den Zahlenwert 6.
Die sechs Special LifeCards thematisieren symbolisch

versteckt frühkindliche unbewusste Erlebnisse. Sie heben sich durch eine farbige Umrandung von den anderen Karten ab und haben römische Ziffern als Zuordnung.
Die dreißig Basic LifeCards sprechen unter anderem zwischenmenschliche Beziehungen, Selbstwert, Kraftpotenziale und den Energiehaushalt an. Sie sind wie die sechs Special LifeCards lösungsorientiert gestaltet.

Was es bedeutet, dass die Bilder cantillieren

Alle 36 Bilder haben eines gemeinsam: Sie sind so gezeichnet, dass sie cantillieren. Cantillation ist ein Begriff, den Dr. John Diamond geprägt hat. Da die Karten in einem hohen energetischen Niveau gezeichnet wurden, nimmt der Betrachter dieses unbewusst auf. Allein das Betrachten der Bilder beeinflusst positiv. Die Bilder wirken also für den Betrachter unbewusst und bringen ihn automatisch auf ein hohes Energieniveau. Das ist durch verschiedene Feedbackmethoden nachvollziehbar, unter anderem durch den kinesiologischen Muskeltest.
Die LifeCards haben daher eine doppelte Wirkungsweise: Nur durch das Betrachten der Bilder kommen Sie in einen energetisch besseren Zustand, die Texte und Übungen unterstützen gezielt Ihre persönlichen Prozesse.

Tipps zur Entspannung

Sich heutzutage bei all diesem Stress und dieser Hektik zu entspannen, ist gar nicht so einfach. Der Umgang mit den LifeCards wird aber umso einfacher und wertvoller, je mehr Sie sich bewusst und in Ruhe auf die Karten einstellen. Hier möchte ich Ihnen daher ein paar Vorschläge machen, wie Sie sich entspannen und zentrieren können.

Entspannung

Das Prinzip von Entspannung ist, den Körper muskulär zu entspannen, damit der Geist dem Körper folgen kann. Dazu kann auch gut der Atem benutzt werden.

- Setzen Sie sich an einen Ihnen vertrauten und ruhigen Ort. Am besten sitzen Sie aufrecht und stellen beide Füße auf den Boden. So verbinden Sie sich gut mit der Erde.
- Schließen Sie die Augen, und atmen Sie sanft und langsam durch die Nase ein und aus, ein und aus, ein und aus.
- Stellen Sie sich als Nächstes zwei wunderschöne Schmetterlinge vor, die sich auf Ihren Füßen niedergelassen haben. Halten Sie Ihre Füße ganz still, und atmen Sie weiter sanft ein und aus.
- Als Nächstes stellen Sie sich vor, wie die Schmetterlinge mit dem nächsten Einatmen zu Ihren Knien fliegen und sich dort niederlassen. Sie folgen weiter Ihrem Atem, ein und aus, ein und aus, entspannen und lassen los.
- Lassen Sie so die Schmetterlinge die verschiedenen

Körperteile besuchen: Ihre Oberschenkel, Ihren Unterbauch, Ihren Nabel, Ihre Herzgegend, Ihren Kopf.
- Dann erlauben Sie Ihren Schmetterlingen, von Ihrem Kopf aus wieder davonzufliegen.

Zentrierung

Eine gute und schnelle Art, sich zu zentrieren, wird in Basic LifeCard Nr. 1, Die Erde, beschrieben.

Hier noch weitere Möglichkeiten, sich in die eigene Mitte zu bringen:

- Erste Möglichkeit: Stellen Sie sich mit bloßen Füßen am besten auf Gras oder Erde, schließen Sie die Augen, und fühlen Sie einfach nur die Verbundenheit mit Mutter Erde. Lassen Sie sich dafür einige Minuten Zeit. Wenn es keine Möglichkeit im Freien gibt, können Sie diese Übung auch in Ihrem Wohnzimmer machen.
- Zweite Möglichkeit: Suchen Sie sich einen Ort, an dem Sie sich sicher und geborgen fühlen. Stellen Sie sich aufrecht hin, die Beine parallel in Hüftbreite. Lassen Sie die Arme mit leicht gespreizten Fingern nach unten hängen. Stellen Sie sich vor, welche Energien nicht zu Ihnen gehören, und lassen Sie diese über die Hände und Finger in die Erde ablaufen.
- Dritte Möglichkeit: Setzen Sie sich aufrecht hin. Ihre Füße berühren den Boden. Legen Sie die Fingerspitzen Ihrer Hände aneinander und atmen Sie ruhig und gleichmäßig. Bei

jedem Einatmen berühren Sie nun mit Ihrer Zungenspitze den vorderen Gaumen kurz vor den Schneidezähnen mit leichtem Druck. Beim Ausatmen lassen Sie wieder los. Nehmen Sie sich dafür 3–5 Minuten Zeit.

Stille

Gehen Sie an einen Ort, an dem Sie ungestört sind. Gut wäre es, die Sonne oder den Mond zu sehen. Wenn das nicht möglich ist, schaffen Sie eine gemütliche Atmosphäre mit Tageslicht oder Kerzen.

Machen Sie nichts anderes, als zu atmen. Versuchen Sie, nichts zu kontrollieren. Lassen Sie sich einfach nur wie in einem Strom treiben.

Falls Sie sich durch Gedanken belästigt fühlen, stellen Sie sich einen klaren Wasserfall vor, der über Sie hinwegfällt. Erfrischend und reinigend.

Oder stellen Sie sich vor, wie Ihre Gedanken verpackt in einem Luftballon in den Himmel fliegen.

Wie schon erwähnt, ist es die Stille, welche die innere Stimme zu Wort kommen lässt. Lassen Sie also zu, dass Sie in Ihre eigene Stille, in die innere Leere gehen und damit in einen Zustand der Ruhe und inneren Achtsamkeit.

Im Folgenden werden Ihnen die einzelnen Karten – zuerst die Special LifeCards, dann die Basic LifeCards – vorgestellt.

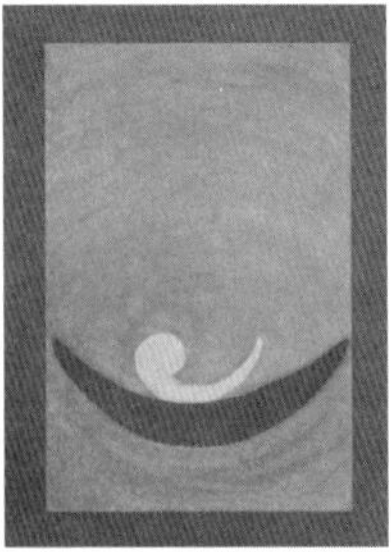

I – Die Wurzeln

Diese Karte hat das Thema, auf der Erde und im Leben angekommen zu sein. Wenn du also diese Karte gezogen hast, hast du vermutlich das Gefühl, nicht hierher- oder, in Bezug auf deine Familie, nicht richtig dazuzugehören. Sozusagen das Gefühl, ein Kuckucksei zu sein. Erinnere dich an deine Kindheit. Hattest du das Gefühl, ganz anders zu sein? Du kennst das Gefühl, dazugehören oder, mit anderen Worten, endlich zu Hause ankommen zu wollen.

Was du für dich tun kannst

Stelle dir vor, wie du im Bauch deiner Mutter bist. Es ist warm, und du nimmst gedämpftes rot-violettes Licht wahr. Es fühlt sich gut an. Du bist willkommen. Bleibe bei dem Gefühl, und lasse dich nähren. Dann stelle dir vor, wie du geboren wirst. Kaum hast du das Licht der Welt erblickt, heißen alle dich willkommen. Deine Mutter, dein Vater, deine Geschwister, alle deine Verwandten. Lass dich von diesem Willkommensgruß segnen.

Affirmation
Ich gehöre hierher und bin willkommen. Diese Welt ist mein sicherer Ort.

Bemerkung
Deinen Körper zu spüren und dadurch eine andere Qualität in deinen Gefühlen zu spüren, ist etwas ganz Grundsätzliches und Wichtiges für dich. Alles, was dich dabei unterstützt, wie Tai-Chi, Yoga, Tanzen oder Massagen, solltest du dir vermehrt gönnen. Beachte besonders die Empfehlungen im Kapitel „Sich selbst besser kennenlernen“ ab Seite 10.

II – Das Wasser

Es sieht so aus, als hättest du öfter das Gefühl, von anderen nicht unterstützt zu werden. Immer wieder stehst du allein da, und alles hängt an dir. Dadurch fühlst du dich auch oft überfordert. Und wenn du endlich mal Hilfe von jemandem einforderst, wird sie dir unter Umständen auch noch verweigert.

Was du für dich tun kannst

Suche dir ein Schwimmbad oder einen See, wo du dich wohlfühlst (vielleicht zu einer Zeit, in der nicht so viel Trubel herrscht). Gewöhne dich an die Temperatur des Wassers. Lege dich auf den Rücken, schließe die Augen, und atme gleichmäßig. Lass dich ganz leer werden, indem du dich nur darauf konzentrierst, wie dein Körper im Wasser treibt. Wie du merkst, wirst du getragen, einfach so. Du hast noch nicht einmal darum bitten müssen. Sage dir immer wieder die unten stehende Affirmation. Fühle, was das Wasser für dich tut.

Affirmation

Ich werde getragen und unterstützt, wann immer ich es brauche.

Bemerkung

Nicht immer erlauben es die Umstände, diese Übung im Wasser auszuführen. Natürlich ist es auch in deiner Vorstellung möglich. Jedoch geht nichts über das echte Erlebnis, vom Wasser getragen zu werden. Es ist ein sehr heilsamer Prozess. Vor allem im Sommer ist es besonders schön, die weißen Wolken am blauen Himmel ziehen zu sehen.

III – Das Licht

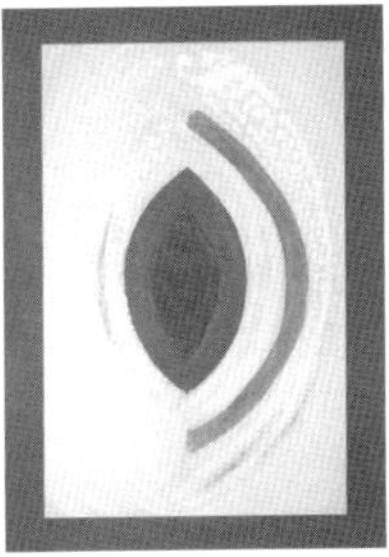

Ich nehme an, dass es für dich nicht einfach ist, Gefühle zu zeigen. Du fühlst dich wohler, wenn du anderen nicht zeigst, wie du dich im Innersten fühlst oder was du denkst. Du bist verletzt worden und wahrscheinlich erinnerst du dich nicht einmal mehr daran. Du weißt nur, dass es am sichersten ist, sich anderen nicht zu weit zu offenbaren. Doch tief im Inneren sehnst du dich danach, dich auch mit anderen Menschen verbinden zu können.

Was du für dich tun kannst

Stelle dir die Sonne vor. Du bist an einem sicheren Ort irgendwo auf dieser Welt. Die Sonne scheint, und ihre Strahlen fallen warm auf dich. Du nimmst wahr, wie sie dich berührt und erwärmt. Du bemerkst, dass es auch kältere Stellen am und im Körper gibt, welche die Kraft der Sonne aufnehmen wollen. Lass auch diese Stellen sich erwärmen, bis du dich ganz und gar erwärmt und eingehüllt und voller Licht fühlst.

Affirmation
Das Licht der Sonne wärmt und heilt alles, was mich je verletzt hat. Ich darf mich zeigen. Mich und meine Sonne.

Bemerkung
Diese Meditation lässt sich natürlich am einfachsten im Sonnenlicht durchführen. Wenn du noch dazu einen Kraftort kennst, dann ziehe dich doch an diesen Ort zurück. Außerdem ist es für dich wichtig, den unteren Teil deines Körpers, Bauch und Beine präsenter werden zu lassen. Daher ist für dich die Übung der LifeCard Nr. 1, Die Erde, wichtig.

IV – Der Atem

Hast du manchmal das Gefühl, nicht genügend Luft zum Atmen zu haben? Oder kennst du vielleicht auch das Gefühl, deine Umgebung erstickt dich? Was würdest du empfinden, wenn jemand zu dir sagen würde: „Du bist wichtig"?

Was du für dich tun kannst
Spüre in dich hinein, um zu fühlen, was die oben gemachten Aussagen in dir bewegen. Atme tief und gleichmäßig, am besten in frischer Luft oder bei geöffnetem Fenster. Lasse mit jedem Einatmen Kraft, Leben und das Gefühl, wichtig zu sein, in dich einsinken. Und lasse mit jedem Ausatmen alle Gefühle, unwichtig zu sein, nicht geliebt zu werden usw., gehen. Konzentriere dich nur auf das Ein- und Ausatmen. Ein – aus – ein – aus –, bis du gar nicht mehr weißt, warum du das machst. Verschmilz damit!

Affirmation
Ich nehme das Leben, und das Leben nimmt mich.
Ich atme den Odem des Lebens.

Bemerkung
Wir können für ungefähr 4–6 Wochen aufhören zu essen. Wir können ca. drei Tage lang nichts trinken. Aber mit dem Atmen aufzuhören, können wir uns nur für Sekunden oder einige Minuten leisten. Es ist einfach unsere wichtigste Lebensfunktion. Atem oder Odem steht für das Leben schlechthin.

V – Das Universum

Du bist in Ordnung, so wie du bist. Du musst nichts beweisen. Berühren dich diese Sätze, wenn du sie liest? Vermutlich schon. Vielleicht hast du es deinen Eltern nie recht machen können, immer musstest du noch besser sein.

Oder: So sehr du dich auch bemüht hast, du hast doch immer irgendetwas nicht perfekt gemacht. Du hast bis heute das Gefühl, dass andere dich nur lieben, wenn du Leistung bringst.

Was du für dich tun kannst
Ziehe dich an einen ruhigen Ort zurück, an dem du dich geborgen fühlst. Kuschele dich in weiche Kissen, und hülle dich in eine wärmende Decke. Stelle dir vor, du befindest dich in einer Höhle, in der ein angenehmes Licht scheint. Du bist warm und geborgen. Du lässt aus deinem Herzzentrum das Gefühl entstehen, so geliebt zu werden, wie du bist. Du darfst so sein, wie du bist. Erschaffe dir die Umgebung deiner Höhle so, dass du von überall her diese liebende Energie spüren kannst. Lasse deine inneren Bilder an dir vorbeiziehen. Falls Erinnerungen in dir auftauchen, gehe mit, und affirmiere, bis die Bilder sich positiv wandeln. Mache die Decke deiner Höhle zu einem Firmament und das Firmament zum Universum. Spüre die unendliche Weite. Das bist du.

Affirmation
Ich muss nichts tun, um geliebt zu werden.

VI – Der Segen

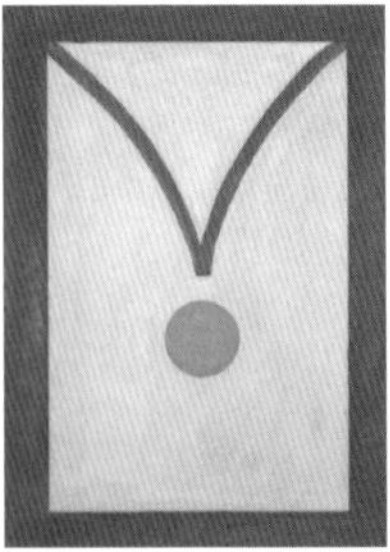

Hast du manchmal das Gefühl, du musst immer wieder leiden, und bist du nur selten richtig glücklich? Diese Karte hat dich angezogen, daher denke ich, du hast dich im Leben oft angepasst und nicht immer das gelebt, was du eigentlich wolltest. Geht es dir zurzeit auch wieder so mit deiner Familie, deinen Freunden oder deinen Kollegen? In alten Zeiten war es üblich, dass der Vater den erstgeborenen Sohn segnete. Damit hatte dieser eine besondere Stellung in der Familie. Aber ob erstgeboren oder nicht, du hast ein Geburtsrecht. Wusstest du das? Diese Karte macht dich darauf aufmerksam, dass es jetzt an der Zeit ist, dieses Geburtsrecht anzunehmen.

Was du für dich tun kannst

Ziehe dich an einen für dich sicheren Ort zurück. Entspanne dich, und schließe die Augen. Lass vor deinem geistigen Auge deinen Vater erscheinen, und lass dich von ihm segnen, wie auch immer diese Geste für dich aussehen mag.

Affirmation
Mein Geburtsrecht gehört mir. Mein Leben gehört mir. Mein Leben ist in meiner Hand.

Anmerkung
Falls du zu deinem Vater ein zu schmerzvolles Verhältnis hast, dann lasse dich in der Meditation von deiner Mutter oder von einem der Großeltern segnen. Diese Meditation hat den Charakter eines Rituals. Du führst es also nur einmal durch. Mit den Affirmationen kannst du jedoch über einen längeren Zeitraum hinweg arbeiten.
Scheue dich nicht, professionelle Hilfe bei systemisch arbeitenden Familientherapeuten zu suchen, wenn es offensichtlich starke Probleme gibt.

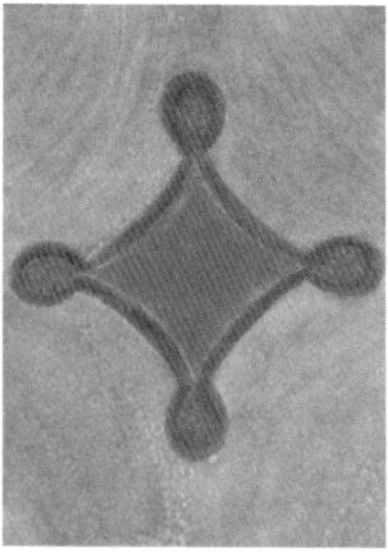

1 – Die Erde

Die Karte Die Erde ist ein Hinweis darauf, nicht verwurzelt zu sein. Was du brauchst, ist Verbundenheit mit Mutter Erde. Es kann sein, dass du oft kalte Füße hast oder dich nicht ganz „zu Hause“ fühlst. Eine gute Übung ist das „Erden“.

Was du für dich tun kannst
Setze dich bequem, aber aufrecht auf einen Stuhl, beide Füße auf dem Boden. Schließe die Augen, und stelle dir vor, an deinem Steißbein wäre ein Seil oder Ähnliches befestigt. An diesem Seil befindet sich eine Art Anker. Lass diesen Anker, so tief du kannst, in die Erde gleiten. Gut wären mehrere Meter, Kilometer, oder du dringst sogar bis zum Erdmittelpunkt vor. Befestige deinen Anker, und ziehe in Gedanken das Seil fest, bis eine angenehme Spannung entsteht. Öffne wieder deine Augen, und genieße dein verändertes Gefühl.

Affirmation
Die Erde trägt mich. Mutter Erde und ich sind eins.

Bemerkung
Trainiere diese Fähigkeit über mehrere Tage hinweg. Oft entsteht rund um das Steißbein ein Wärmegefühl. Freue dich, du bist im Prozess! Nach einiger Zeit kannst du dich in Sekundenschnelle erden, was dir mehr Standfestigkeit verleiht. Keiner kann dir mehr so schnell den Boden unter den Füßen wegziehen. Diese Übung lässt sich wunderbar mit der Übung von LifeCard Nr. 2, Der Himmel, kombinieren.

2 – Der Himmel

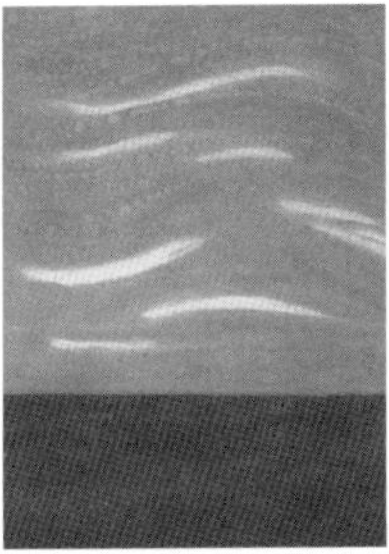

Wenn du diese Karte gezogen hast, ist dies ein Hinweis darauf, dass du mehr Stabilität und eine Verbindung zum Geistigen brauchst. Vielleicht fühlst du dich umhergeworfen, obwohl du dich auch geerdet fühlst. Eine gute

Übung, mit der du Kontakt „nach oben“ bekommen kannst, ist das „Himmeln“.

Was du für dich tun kannst
Setze dich bequem, aber aufrecht auf einen Stuhl, beide Füße auf dem Boden. Schließe die Augen, und stelle dir vor, ein Band sei in der Mitte auf deinem Kopf befestigt. Am Ende des Bandes ist ein Anker, der groß genug ist, dass du ihn später gut befestigen kannst. Jetzt schieße das Band in Gedanken mit aller Kraft senkrecht in den Himmel ab, und befestige den Anker z.B. an einer Wolke oder einem Stern. Ziehe das Band sanft an, damit eine angenehme Spannung entsteht. Öffne die Augen in dem Bewusstsein, dass diese Verbindung den ganzen Tag über hält.

Affirmation
Der Himmel hält mich sanft.

Bemerkung
Mache diese Übung jeden Tag. Sie wird dir helfen, kosmische Kräfte für dich fließen zu lassen, und wenn du geübt bist, kannst du auch in Notsituationen die Verbindung in Sekunden aufbauen.

Diese Übung lässt sich wunderbar mit der Übung von LifeCard Nr. 1, Die Erde, kombinieren.

3 – Die Mitte

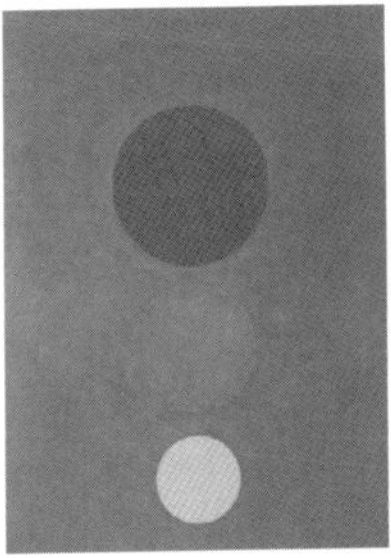

Kann es sein, dass du dich in letzter Zeit umhergeworfen fühlst wie Treibgut auf einer Meereswoge? Hast du das Gefühl, neben dir zu stehen, oder fühlst du dich in alle Richtungen gezerrt? Diese Gefühle sind oft vorhanden, wenn die Karte Die Mitte gezogen wird.

Was du für dich tun kannst
Stelle dich hin, die Füße hüftbreit auseinander. Fange aus dieser Position heraus an, mit deinem Oberkörper in eine Drehbewegung hineinzukommen, und gehe dabei leicht bis zum Anschlag. Die Bewegung sollte flüssig sein. Die Ferse des Fußes, von dem du dich gerade wegdrehst, darf leicht vom Boden angehoben

werden. Atme an den Wendepunkten immer kräftig aus, am besten mit einem lauten „ha" oder einem ähnlichem Ton. Achte darauf, deine Oberarme in der Waagrechten zu halten. Diese Übung kann anstrengend sein, mache eventuell kurze Pausen.

Affirmation
Ich bin ich. Meine Mitte ist stark.

Bemerkung
Diese Übung zentriert stark, d.h., du kommst ganz zu dir zurück, ganz in deine Mitte. Energien, die nicht zu dir gehören, weichen.

4 – Der Raum

Diese Karte wird oft gezogen, wenn dein Energiefeld empfindlich auf äußere Einflüsse reagiert. Kann es sein, dass das Beisammensein mit anderen von dir als zu viel empfunden wird? Rücken dir andere zu sehr „auf die Pelle“?

Was du für dich tun kannst
Die Übung ist einfach und kann jederzeit und überall durchgeführt werden. Sie hilft dir, dich wieder in deiner Haut wohlzufühlen, zentriert dich und lässt dich mit anderen Menschen leichter umgehen. Mit der einen Hand halte dir einfach die Stirn und mit der anderen Hand den Bauch um den Bauchnabel herum. Atme gleichmäßig. Schon nach kurzer Zeit wirst du merken, dass du dich entspannt fühlst.

Affirmation
Meine Energien schwingen im Einklang miteinander. Ich bin stabil und sicher.

Bemerkung
Nach der traditionellen chinesischen Medizin sind um den Bauchnabel herum alle fünf Elemente vertreten. Du beziehst daher durch diese Energieübung die Elemente Erde, Metall, Wasser, Holz und Feuer mit ein.
Wenn du morgens deinen Tag mit dieser Übung beginnst und sie vielleicht mittags wiederholst,

wirst du merken, dass du deinen Tag ganz anders meistern kannst.

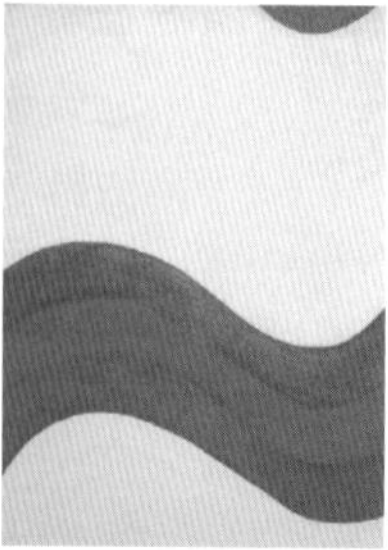

5 – Die Farbe

Du fühlst dich in einer Situation unwohl? Hast du unangenehme Gefühle wie eine zugeschnürte Kehle, einen Stein im Magen, oder bist du aufgeregt oder weinerlich? Hast du körperliche Beschwerden oder sogar Schmerzen? Dann braucht dein Körper einen Ausgleich über Farben.

Was du für dich tun kannst

Nimm eine entspannte Haltung ein, und schließe die Augen. Fühle in dich hinein, wo in deinem Körper zu deinem Thema ein unangenehmes Gefühl herrscht oder der Schmerz sitzt. Wenn du z.B. wütend auf jemanden bist: Wo sitzt deine Wut? Frage dich: Wenn dieses Gefühl eine Farbe hätte, welche Farbe wäre es? Wenn die Farbe einen

Klang oder ein Geräusch hätte, wie würde sie sich anhören? Schau sie dir an, und frage dich: Wenn diese Farbe ein Stoff wäre, wie würde sie sich wohl anfühlen? Wenn die Farbe einen Geruch hätte, wie würde sie wohl riechen? Stell dir vor, die Farbe flösse durch ein Rohr ab und verschwände in der Erde. Sei gründlich, schaue nach, ob die Farbe wirklich vollständig abgelaufen ist. Nun brauchst du eine neue Farbe. Fülle den Raum einfach wieder mit dieser neuen Farbe. Fühle sie. Höre sie. Falls noch eine andere Stelle deines Körpers etwas Unterstützung braucht, verfahre ebenso. Vertraue deinem Körper, er weiß ganz genau, was gut für dich ist. Und du weißt, deiner Fantasie sind keine Grenzen gesetzt!

Affirmation
Je nach Farbe; z.B.: Ich bin ganz Gold. Ich atme Gold.

Bemerkung
Es ist eine der einfachsten Methoden, die ich kenne, schnell und auch tief greifend eine Veränderung im Körpergefühl und der Emotionen zu erreichen.
Jede Farbe hat ihre eigene Schwingungsfrequenz,

wie überhaupt auch jeder Stein, jede Pflanze, jeder Mensch eigene, typische Schwingungen hat, etwa wie ein Fingerabdruck.
Das kann man sehr schnell spüren. Stelle dir vor, du wärst in einem Schwimmbad, das schwarz gestrichen ist. Hättest du noch Lust, schwimmen zu gehen? Wahrscheinlich nicht. Schwimmbäder werden in hellen Farben gehalten, meist Weiß und helles Blau. Das assoziiert Frische und Sauberkeit, und da fühlen wir uns wohl. Durch Versuche weiß man, dass Räume, die in verschiedenen Farben gestrichen sind, auch verschiedene Temperaturempfindungen auslösen, und das selbstverständlich bei gleicher Raumtemperatur. Blaue Farben empfinden wir kühler, Rottöne als wärmer. Du siehst, Farben beeinflussen unsere Körperempfindungen. Auch die Farben, die wir mit unserer Kleidung tragen. Du könntest die Farbe, die dir wohltut, einige Tage lang tragen. Das kann deine Veränderungen unterstützen.

6 – Die Aura

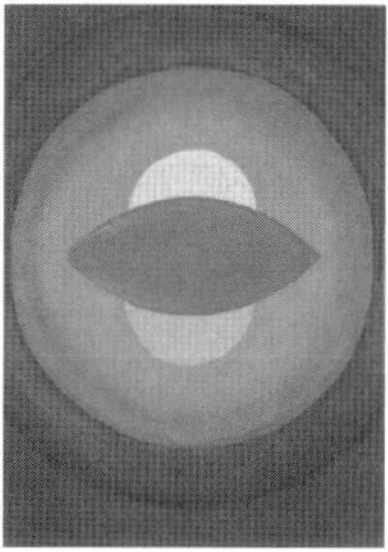

Unser körperliches und seelisches Befinden ist in unserem Energiefeld, d.h. in unserer Aura, spürbar und für manche Menschen auch sichtbar. Auch wenn du vielleicht die Aura nicht sehen kannst, können doch andere Menschen unterbewusst deine Aura wahrnehmen. Mit etwas Übung lässt sich unser Wohlbefinden über unsere Aura beeinflussen. Wenn du dich seit einiger Zeit müde und unausgeglichen fühlst oder für ein bestimmtes Ereignis besonders viel Energie brauchst, mache folgende Übung:

Was du für dich tun kannst
Schließe die Augen, und schaue dein Energiefeld mit deinen geistigen Augen an. Welche Farben siehst du rund um deine Füße? Gehe weiter zu deinen Beinen, deinem Becken, Bauch etc. Überall da, wo du Farben wahrnimmst, die dir unangenehm sind, tausche sie gegen helle, fröhliche Farben aus. Deiner Fantasie sind dabei keine Grenzen gesetzt (siehe LifeCard Nr. 5, Die Farbe).

Wie fühlt sich die Weite deiner Aura an? Hast du das Gefühl, du verlierst dich? Lass sie schrumpfen, wie man z.B. die Luft aus einem Luftballon herauslässt. Fühlt sich deine Aura zu eng an? Blase deinen imaginären Luftballon einfach wieder auf.

Affirmation
Meine Energien sind ausgewogen, bunt und fröhlich.

Bemerkung
Du kannst über deine Vorstellungskraft auch Symbole in deine Aura einsetzen. Wie zum Beispiel eine Rose oder ein Herz oder eine starke Eiche. Überlege dir jedoch gut, mit welchem Symbol du arbeiten möchtest, weil es auf jeden Fall Auswirkungen auf die unbewusste Wahrnehmung deiner Mitmenschen hat.

7 – Der Wasserfall

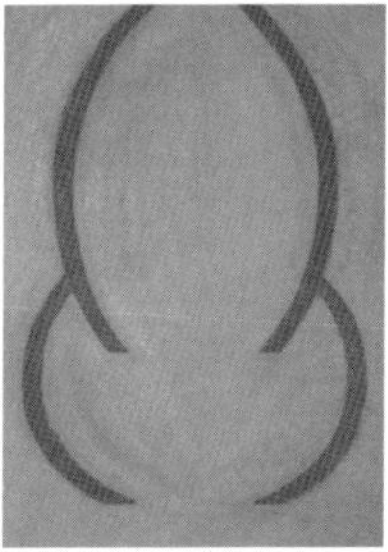

Wasser ist erfrischend und reinigend. Besonders Wasserfälle wirken enorm energetisierend. Kannst du eine Energiedusche gebrauchen?

Was du für dich tun kannst

Mache eine kleine innere Reise zu einem Wasserfall. Sieh einen kleinen See mit klarem reinem Wasser – grünblau schimmert es. Am Ende des Sees ist ein Wasserfall, der sanft plätschert oder auch kraftvoll über das Gestein in den See stürzt. Du schwimmst dem Wasserfall entgegen. Die ersten Tropfen berühren dich. Du schwimmst näher heran und lässt das Wasser über deinen Körper fallen. Es fühlt sich gut an, erfrischend – alles Negative und Belastende wird von dir weggespült. Spüre das Wasser mit allen deinen Sinnen, und genieße es. Wenn du genug hast, schwimme zurück ans Ufer, und trockne dich in der Sonne. Wisse – du kannst jederzeit in Gedanken zu deinem Wasserfall zurückkehren.

Affirmation
Ich trinke die Wasser des Lebens.

Bemerkung
Allein schon ein Bild eines Wasserfalls anzusehen wirkt stark energetisierend. Du kannst dir z.B. an deinem Lieblings- oder Arbeitsplatz ein Bild aufhängen, um gelegentlich aufzutanken.

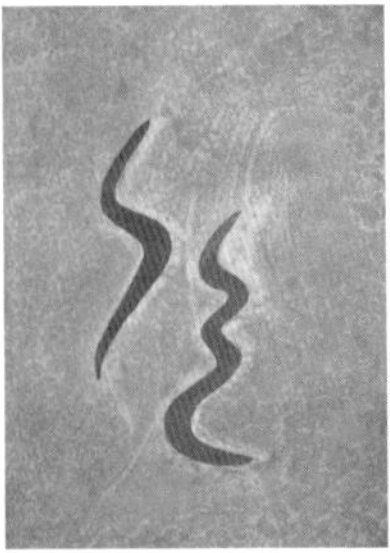

8 – Der Klang

Wenn du die Karte Der Klang gezogen hast, kann es sein, dass du Töne brauchst, um in Balance zu kommen. Oder es geht um deinen inneren Klang – deine innere Stimme, auf die du noch nicht oder nicht mehr hörst. Es ist in beiden Fällen am einfachsten, deine eigene Stimme zu benutzen. Das Vokaltönen, das ich dir vorschlagen möchte, ist leicht auszuführen und massiert doch durch die Schwingungen deinen gesamten Körper und die inneren Organe und bringt dich so wieder in Einklang mit dir selbst.

Was du für dich tun kannst
Fange mit dem tiefsten Laut, dem U, an. Töne das U mehrere Male hintereinander. Vielleicht hilft es dir, deine Hände auf die entsprechende Körperstelle zu legen, damit du fühlst, wie die Töne sich ausbreiten. Es kommt nicht auf die Lautstärke an, aber du wirst merken, dass die Töne nach einer Weile automatisch kräftiger werden. Fahre so mit allen Vokalen fort bis zu dem hohen I, welches du dir wie einen Hut auf deinem Kopf vorstellen kannst, der immer nach oben wegfliegen möchte. Entführe dich einfach selbst in die Welt der Klänge und Vibrationen.

Affirmation
Ich schwinge mit der Welt und dem Leben.

Bemerkung
Die Reihenfolge der Töne ist: U, O, A, E, I.

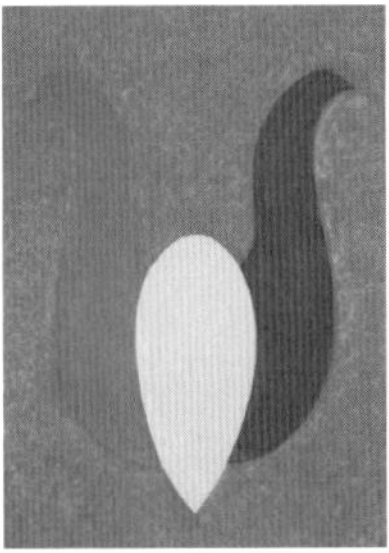

9 – Der Tanz

Diese Karte bedeutet, dass du Bewegung und Ausdruck brauchst, um dein Problem zu lösen bzw. wieder in Fluss zu kommen. In der englischen Sprache merkt man, dass Bewegung und Gefühl miteinander verbunden sind: motion – emotion. Durch Bewegung drücken wir Gefühle aus, und umgekehrt. Wer sich nicht bewegt, wird starr, geistig und körperlich. Staue keine Gefühle in dir auf, die dich hindern, Lebensfreude zu empfinden. Bewege dich!

Was du für dich tun kannst

Lege eine leidenschaftliche Musik auf. Später kannst du immer noch sanftere Rhythmen tanzen. Ich weiß, es ist total ungewohnt, allein im Wohnzimmer zu tanzen, einfach so ohne Vorgabe. Fang einfach an, dich dem Rhythmus hinzugeben. Habe Spaß. Lass dich von der Melodie tragen. Nutze den ganzen Raum um dich herum. Bewege dich zur Seite, nach vorn, nach hinten, nach oben, nach unten. Geh aus dir heraus. Genieße es, deinen Körper zu fühlen. Am besten machst du das jeden Tag – du wirst sehen, deine gute Laune wird steigen. Schade, dass ich dein strahlendes Gesicht nicht sehen kann!

Affirmation
Mich zu bewegen ist mir eine Lust.

10 – Die Stimme

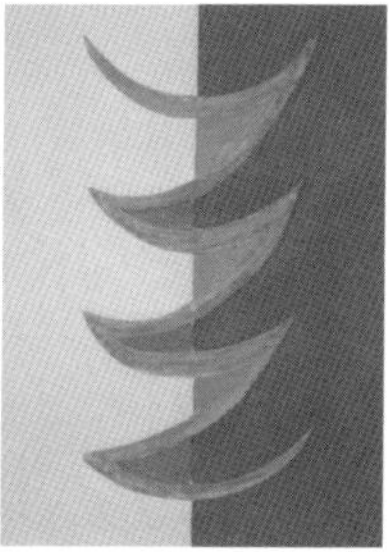

Freue dich, diese Karte gezogen zu haben. Es ist eine fröhliche Karte. Du kennst vielleicht das Sprichwort: „Wo gesungen wird, da lass dich nieder, denn böse Menschen kennen keine Lieder." Darin ist ein wahrer Kern. Singen ist, neben dem Tanzen, die einfachste und schnellste Art, auf ein sehr hohes Energieniveau zu gelangen. Singen kann dich aus den trübsinnigsten Stimmungen wieder herausheben.

Was du für dich tun kannst
Singe, und zwar jetzt! Ich weiß, du „kannst" das nicht. Mach es trotzdem! Es geht nicht darum, wie schön wir unsere Stimme finden, sondern darum, dass wir uns in Schwingung versetzen. Singen ist wie lieben. Also liebe täglich.

Affirmation
Meine Stimme ist der Ausdruck der vielen Facetten meines Selbst.

Bemerkung
Die Comedian Harmonists gelten als energiestarke Gruppe. Du kannst dir einfach eine CD kaufen und mitsingen. Vielleicht erinnerst du dich auch an Lieder, die du einmal gelernt hast, oder ein aktueller Song aus dem Radio gefällt dir. Zusätzlich zu dem guten Gefühl, das in dir entsteht, werden deine Muskulatur und dein Gewebe bis in tiefe Schichten hinein massiert. Kein Masseur dieser Welt kann das Nervensystem so enervieren wie deine Stimme.

11 – Die Wunderdose

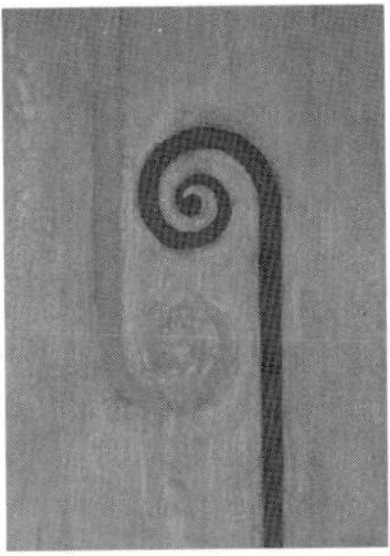

Wenn du die Wunderdose gezogen hast, überlasten dich deine Probleme. Es sieht so aus, als ob es keine Lösungen gäbe. Das würde bedeuten, keine Wahl zu haben, was in dir ein Gefühl der Ohnmacht aufkommen lässt.

Was du für dich tun kannst
Manchmal löst man Probleme, indem man sie wegsteckt. In diesem Fall machst du das buchstäblich so. Schreibe dein Problem mit allen Details auf. Vielleicht sind es auch mehrere Probleme, die du auf einzelne Zettel schreibst. Diese Zettel nimmst du, steckst sie in eine Dose – deine Wunderdose – und machst den Deckel zu. Mit dem Schließen des Deckels gibst du alle deine Sorgen und Ängste mit in die Dose und kümmerst dich sieben Tage nicht darum. Das ist Pflicht. Sobald du wieder anfängst zu grübeln, sagst du: „Halt, alle meine Probleme sind in der Dose, und da bleiben sie!" Du wirst dich darüber wundern, dass du eine Woche später etliche der Zettel

wegwerfen kannst, weil sie hinfällig geworden sind und sich von allein erledigt haben. Eine hervorragende Übung zum Thema „Loslassen".

Affirmation
Der Knoten wird zum glatten Band.

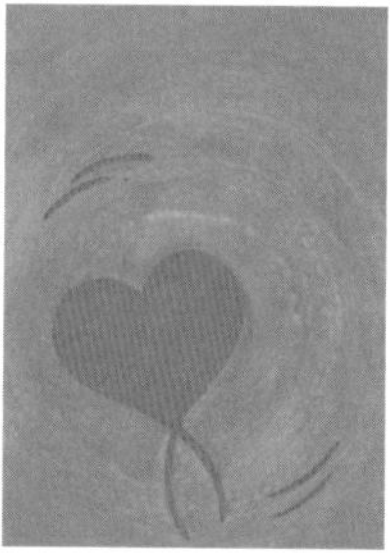

12 – Das Herz

Herzensangelegenheiten – o Gott, es kann so wehtun. Stehen deine Gefühle Kopf, und weißt du nicht, wie du handeln sollst? Es ist an der Zeit, deinem Herzen Gelegenheit zu geben, deine Gedanken und Gefühle zu integrieren, damit du wieder klar deinen Weg gehen kannst.

Was du für dich tun kannst
Lege oder setze dich entspannt hin. Gehe in Gedanken zu deinem Herzen. In jedem Herzen gibt es eine Art Privatkämmerchen. Öffne die Tür. Dort brennt eine kleine Flamme, atme

nun Zug um Zug dieses Licht ein und werde selbst zur Flamme. Die Flamme, das bist du mit deinem ganzen Sein. Vor dir siehst du nun deinen emotionalen Körper stehen – deine Wünsche und Bedürfnisse. Dein Emotionalkörper lässt nun alle selbstsüchtigen Wünsche los und verschmilzt mit der Flamme.
Du nimmst nun deinen mentalen Körper wahr, der für deine Gedanken steht. Er lässt alle Gedanken und Interessen los, die dich hindern, deinen wirklichen Weg zu gehen, und verschmilzt mit dem Licht.
Ja, und da ist auch noch dein physischer Körper. Er steht dir gerne mit seinen Kräften, Gaben und Talenten zu Verfügung, und auch er verschmilzt mit dem Licht. Lasse die Flamme nun wieder kleiner werden, und schließe dein Kämmerchen mit dem Wissen, jederzeit wieder hierher zurückkehren zu können.

Affirmation
Mein Herz ist der Quell meines Lebens.

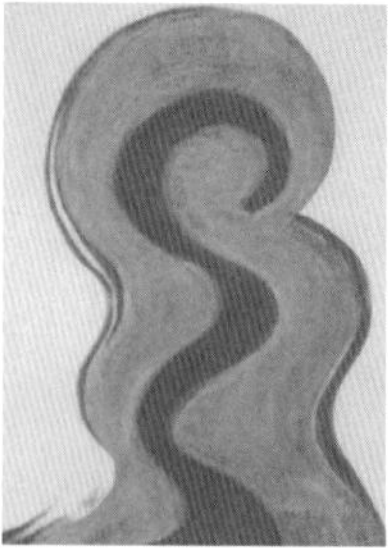

13 – Der Baum

Das Thema dieser Karte ist die Stärke und das Fließenlassen von Kraft. Es wir dir guttun, dich in nächster Zeit mit Bäumen zu beschäftigen.

Was du für dich tun kannst
Geh hinaus in den Wald oder aufs Feld, und suche dir deinen Baum aus. Nimm Kontakt mit ihm auf. Es genügt oft, sich an den Stamm zu lehnen oder sich an die Wurzeln zu setzen, um Stärke und Kraft tanken zu können. Bäume sind freundlich zu uns, sie geben uns viel, wenn wir sie bitten. Rede mit ihnen wie mit guten Freunden.

Affirmation
In mir fließt der Strom des Lebens.

Bemerkung
Alte Kulturen wussten um den spirituellen Wert von Bäumen. Bäume sind so viel älter als wir und Gott so viel näher. Oft galten alte Bäume als

heilig, und unter ihnen wurde Recht gesprochen oder geweissagt.
Und noch eines: Am Anfang mag es dir komisch vorkommen, dich an einen Baum zu lehnen oder ihn gar zu umarmen. Aber denke daran, alles schwingt. Auch der Baum hat seine eigene Schwingungssignatur. Erlaube dir und ihm, dich an seiner Signatur teilhaben zu lassen. Sei offen für das, was du erleben kannst.

14 – Die Gabe

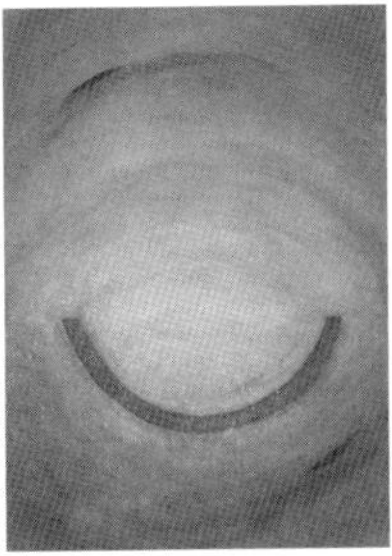

Wann hast du das letzte Mal etwas nicht von Herzen annehmen können? Bereitet es dir Schwierigkeiten, Dinge anzunehmen? Ist es für dich einfacher, anderen zu geben? Was für ein Gefühl hast du, wenn du ein Geschenk erhältst? Ist es dir unangenehm, etwas nicht sofort ausgleichen zu können? Natürlich geht es nicht nur um materielle Werte. Gemeint sind vor allem Hilfeleistungen von anderen, die nur sehr schwer in materiellen Werten zu messen sind. Diese Karte weist dich darauf hin, dass du lernen musst, nicht nur zu geben, sondern auch anzunehmen.

Was du für dich tun kannst

Mache dir dein Verhalten bewusst. Wie gehst du mit Geben und Nehmen um? Lass dir verschiedene Gelegenheiten und Ereignisse durch den Kopf gehen.

Wenn du das Gefühl hast, dich noch für etwas bedanken zu müssen, tue es im Stillen. Es wird denjenigen sicher erreichen.

Wenn du etwas gegeben, dies aber nicht von ganzem Herzen getan hast, sage im Stillen: „Ich habe es gerne getan, und es ist gut so."

Bist du in einer Situation, in der du Hilfe brauchst, mache dir klar, dass du den Gebenden und seine Hilfe nicht würdigst, wenn du unbewusst lieber gibst als dass du nimmst. So könnte es auch dir geschehen, dass deine Hilfe nicht anerkannt und gewürdigt wird.

Affirmation

Geben und Nehmen lassen mich im Fluss des Universums sein.

Bemerkung
Sei dir bewusst, dass der Ausgleich von Geben und Nehmen nicht unbedingt nur zwischen zwei Personen oder Parteien stattfinden muss. Oft geschieht es, dass wir aus ganz anderen Richtungen einen Ausgleich erhalten.

15 – Der Dank

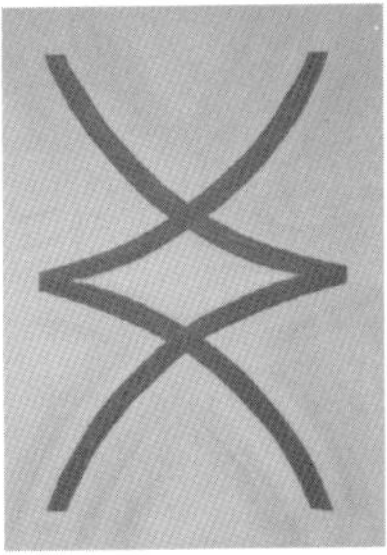

Du bist unzufrieden und siehst vermehrt die Dinge, die in deinem Leben nicht funktionieren und nicht im Fluss sind? Dann ist es an der Zeit, deine Gedanken auf das zu lenken, wofür du dankbar sein kannst und was du bereits erreicht hast.

Was du für dich tun kannst
Mache dir bewusst, wofür du bereits dankbar sein kannst. Erinnere dich auch an die einfachen und kleinen Dinge des Lebens. Sieh wieder das halb volle Glas Wasser anstatt des halb leeren.

Mache regelrecht eine Bestandsaufnahme deiner Lebenssituation, und sei ehrlich dir selbst gegenüber. Nimm dir für einige meditative Minuten Zeit, und danke von Herzen für die Dinge, die du bereits in dein Leben eingeladen hast. Indem du anerkennst und ehrst, was du bereits geschaffen hast, gibst du neuen Dingen einen Raum in deinem Leben, sowohl materiell als auch geistig. Du kannst auch im Voraus für etwas danken, als hättest du es bereits erhalten. Fühle die Dankbarkeit, und verliere nicht den Mut, wenn etwas nicht gleich vom Himmel fällt. Das Universum hat seine eigenen Zeiten. Überprüfe, ob dein Anliegen in Übereinstimmung mit universellen Gesetzen ist: Ist es auch das Beste für alle Beteiligten?
Dein Dank könnte so aussehen: Ich danke dafür, dass sich meine finanziellen Angelegenheiten in universeller Ordnung befinden. Oder: Ich danke dafür, dass meine Arbeit mich mit Leichtigkeit erfüllt und meine Kollegen mir Wohlwollen und Achtung entgegenbringen.

Affirmation
Die Affirmation ist in diesem Fall dein persönlich zusammengestellter Satz für deine Situation.

16 – Der Gruß

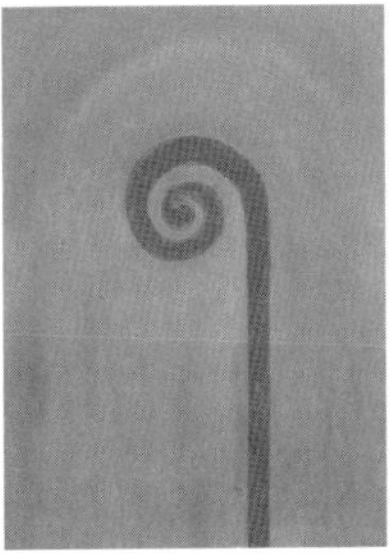

Es ist Zeit, anderen eine Freude zu machen. In unserer hektischen Zeit der schnellen Kommunikation über Mails und Telefon bleibt der schriftliche Gruß auf der Strecke. Doch eine Karte zu bekommen heißt: Es denkt jemand an mich. Du wirst merken, wie viel Freude es dir macht, deine Grüße auszusenden und viel dafür zurückzubekommen.

Was du für dich tun kannst

Überlege dir, wem du eine Freude machen möchtest oder wen du gerne wissen lassen möchtest, dass du an ihn denkst. Sei kreativ! Du kannst natürlich eine schöne Postkarte kaufen, aber vielleicht auch mit einfachen Mitteln selbst eine herstellen. Wie auch immer, deine warmen Worte und Wünsche werden von dir auf die Reise geschickt mit dem Wissen, dass viel Gutes zurückkommen wird.
Denke dabei an das Bild eines Steins, der ins Wasser fällt. Er zieht unwillkürlich seine Kreise, weiter und weiter …

Affirmation
Mein Gruß ist wie ein Stein, der ins Wasser fällt.

Bemerkung
Gibt es jemanden, der dir eigentlich nahesteht, den du aber irgendwie aus den Augen verloren hast? Wenn du spürst, dass diese Beziehung immer noch Kraft hat, dann ist es genau richtig, diesem Menschen einen herzlichen Gruß zu senden.

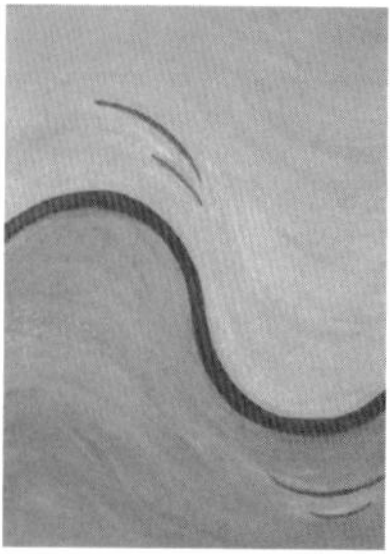

17 – Das Meer

Hast du deine Wut schon lange hinuntergeschluckt, oder brodelt sie erst seit kurzer Zeit in deinem Inneren vor sich hin? Lass es nicht so weit kommen, dass die Wut an dir nagt. Gefühle, die nicht ausgelebt, sondern verschlossen werden, tun unserer menschlichen Seele auf Dauer nicht gut.

Was du für dich tun kannst

Es ist gleich, ob du an eine alte Wut denkst oder gerade jetzt in diesem Moment richtig wütend bist. Schau dir die Wut an, erinnere dich, und fühle sie. Fange an, sie zu beobachten. Welche Gedanken kommen dir dabei? Was würdest du am liebsten sagen? Welche Körperempfindungen hast du, und wo im Körper spürst du sie? Wenn du so tief in die Wut hineinfühlen könntest, bis sie zu Ende wäre, was würdest du dann beobachten? Welches Gefühl käme dir dann entgegen? Durch diese Art der Achtsamkeit wird sich deine Wut verwandeln. Nutze die Energie, die deine Wut mit sich bringt, anstatt sie destruktiv gegen dich zu richten. Sage dir: „Das bin ich auch! Ich darf auch wütend sein." Oder falls du noch ein anderes Gefühl entdeckt hast: „Ich darf z.B. auch traurig sein." Fühle dich wie vom Meer umspült, und lass dich reinigen und durchfluten. Gehe wieder zurück zu deiner Wut. Was ist von ihr übrig geblieben? Was hat sich vielleicht versteckt? Wo im Körper spürst du noch etwas von deinen vorherigen Eindrücken? Wiederhole den Prozess.

Affirmation

Auch in meiner Wut habe ich ein Recht darauf,

geliebt zu werden. Das Meer reinigt und klärt alle meine Gefühle.

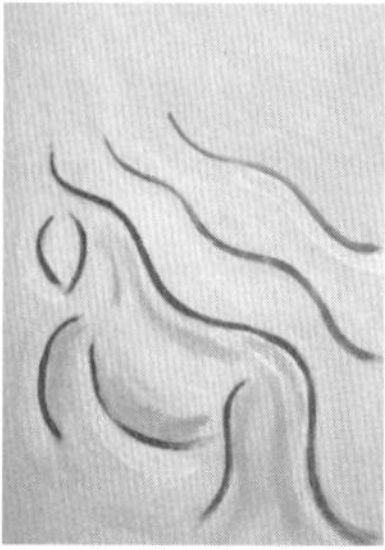

18 – Die Pferde

Du hast diese Karte gezogen, weil du dich innerlich zerrissen und umhergeworfen fühlst. Dein Kopf und dein Bauch ziehen in verschiedene Richtungen.

Was du für dich tun kannst
Hilfreich ist eine Meditation, in der drei Pferde symbolisch für deinen Körper, deine Gedanken und deine Gefühle stehen. Mach es dir im Sitzen bequem, und schalte alles aus, was dich stören könnte – entspanne dich. Sieh dich im Geiste auf einer Wiese. Auf dieser Wiese steht ein Stall. Die Tür geht auf, und das erste der drei Pferde kommt heraus. Es steht für deinen Körper. Betrachte es genau. Wie kommt es aus der Tür? Wie sieht es aus? Welche Farbe hat es? Wie bewegt es sich?

Ist es temperamentvoll oder ruhig? Schau genau hin, es liefert dir wertvolle Informationen über deinen physischen Körper. Verfahre ebenso mit dem zweiten, dem mentalen Pferd und dem dritten, dem emotionalen Pferd. Dann nimm die drei Pferde, und spanne sie vor einen Wagen. Wie verhalten sie sich? Lassen sie sich gerne anspannen, oder gibt es Reibereien? Was für ein Gefährt ist dein Wagen, und wie fühlt es sich an, wenn du den Wagen lenkst? Wie schnell geht deine Reise? In Gedanken kannst du mit deinen drei Pferden arbeiten, z.B. ihnen gut zureden oder sie etwas zügeln usw. Dies trägt sehr dazu bei, dass alle drei Teile bereit sind, zusammenzuarbeiten.

Affirmation
Ich bin im Zentrum meines Selbstbewusstseins.
Ich erkenne und bejahe mein göttliches Ich.

Bemerkung
Natürlich macht es einen Unterschied, ob dir ein feuriger Mustang oder ein alter grauer Klepper entgegenkommt. Interpretiere die Merkmale und das Verhalten deiner Pferde. Das ist mit gesundem Menschenverstand ganz einfach. Überlege, was du verändern möchtest. Sei dir bewusst, dass du dies

mit der Kraft deiner Imagination wirklich kannst. Du bist der Herr dieser Pferde. Nur du allein. Wenn du die Meditation in ein paar Wochen wiederholst, kannst du daran deine persönliche Entwicklung ablesen.

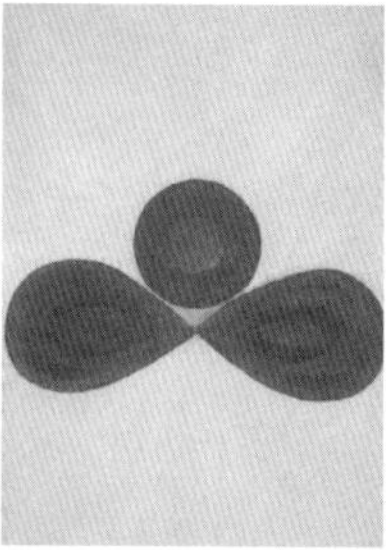

19 – Die Kraft

Diese Karte steht für absolute Kraft und Lebenswillen. Sie steht für das aktive Prinzip, also für die Dinge, die wir in unserem Leben umsetzen möchten. Mangelt es dir zur Zeit an Lebenswillen und Kraft zum Handeln? Dann brauchst du wieder eine innere Ausrichtung.

Was du für dich tun kannst
Steh aufrecht mit lockeren Beinen, und bringe dich in einen fokussierten Zustand. Dann sage die aufgeführten Affirmationen immer und immer wieder. Lass deine Stimme stark, laut und

bestimmt klingen. Glaube daran! Auch wenn du es am Anfang noch nicht fühlen kannst, mach es einfach so lange, bis sich das richtige Gefühl dazu einstellt – ein Gefühl von: Ich bin die (der) Beste, ich kann alles, was ich will! Dabei ist es wichtig, deinen Körper mit einzubeziehen. Du nimmst einen oder beide Arme immer wieder hoch und bekräftigst damit, was du sagst.

Affirmation
Ich bin ich! Ich glaube! Ich erschaffe! Ich bin die Kraft des Guten!

Bemerkung
Dadurch, dass du deinen ganzen Körper einsetzt, wird das gesprochene Wort im Körper verankert. Wenn der Anker durch Wiederholung gut sitzt, brauchst du später bei Bedarf nur noch die Geste mit dem Arm zu machen und wirst automatisch in einen hochmotivierten Zustand gelangen.

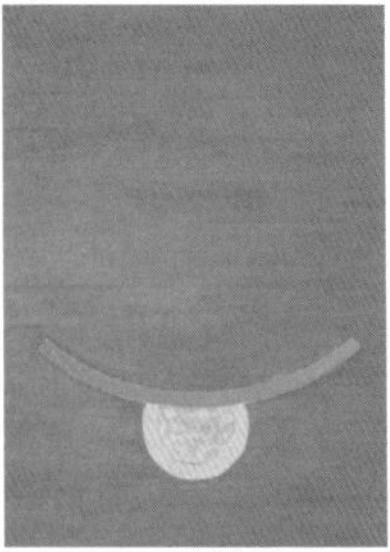

20 – Der Altar

Wenn du diese Karte gezogen hast, scheint es an der Zeit zu sein, dass du etwas ganz allein für dich hast – etwas, was dir Kraft schenkt.

Was du für dich tun kannst

Lass in deinem persönlichen Zimmer oder in einem anderen schönen Teil deiner Wohnung einen Platz entstehen, der dir Kraft gibt. Dies kann auf einem kleinen Tisch oder auf einem Stück Regal sein. Nimm ein Seidentuch oder ein schönes Stück Stoff, welches du arrangierst. Schöne Dinge werden sich mit der Zeit auf deinem Altar einfinden. Vielleicht ein besonderer Stein, ein Schneckenhaus, ein Stück Holz vom letzten Spaziergang, ein Zweig oder etwas Moos. Oder eine Postkarte, die eine Botschaft für dich in sich trägt. Vielleicht auch eine Schale mit Blütenwasser oder eine Kerze. Du kannst auch kleine Figuren oder Symbole aus Bienenwachs formen. Ist dein inneres Bild von deinem Altar schon entstanden? Glaube mir, es ist ein Kraftort, an dem du in schweren, unklaren Zeiten Kraft, Trost und Klarheit findest. In leichten Zeiten kannst du dort fröhlich danken.

Affirmation
Mein Gott/meine Göttin gibt mir Kraft und Odem. Oder: Das Universum gibt mir Kraft und Odem.

21 – Die besondere Zeit

Du brauchst eine Zeit der Reinigung und des Loslassens. In drei mal sieben Tagen steckt die Kraft des Abschieds von alten belastenden Dingen und des Auftankens von frischer Energie. Ein Prozess also von 21 Tagen der Reinigung.

Was du für dich tun kannst
Bereite zwei schöne Schalen vor. In die eine Schale kommen 21 kleine Gegenstände wie Muscheln, Steine, Samen, Bienenwachs, ein kleines

Glöckchen, eine Feder etc. Es sollten Gegenstände aus allen Elementen (Feuer, Erde, Wasser, Luft) dabei sein. Die andere Schale ist leer.
Nimm dir eine ganze Weile Zeit für dich, und überlege, was du loslassen möchtest, was alt, überholt oder hinderlich für dich ist. Überlege dir dann, was du an neuer, positiver Energie aufnehmen oder welches Ziel du erreichen möchtest. Schreibe deine Gedanken ruhig auf.
Jetzt beginnt deine Reinigungszeit, und für jeden Tag wirst du morgens zur gleichen Zeit einen Gegenstand in die leere Schale wandern lassen. Lass los!

Affirmation
Ich heiße das Gute in meinem Leben willkommen.

Bemerkung
Die 21 Gegenstände begleiten dich auf besondere Art und Weise während des 21-Tage-Prozesses – du musst dir so auch nicht merken, wo du gerade zeitlich stehst. Wenn die 21 Gegenstände komplett in die andere Schale gewandert sind, ist der Prozess einfach zu Ende. Eine Schale hat sich gefüllt, die andere hat sich geleert. Bemerke, dass auch die Leere eine Qualität mit sich bringt.

22 – Der Ruhetag

Vermutlich bist du überarbeitet und hast zu wenige Ruhephasen.
Du willst allem gerecht werden und bist für vieles verantwortlich. Das ist anstrengend, und du fühlst dich ausgelaugt.
Obwohl es bei uns auch einen Sonntag gibt, der allgemein als Ruhetag gilt, ist es heutzutage doch wohl eher ein Tag der aktiven Freizeitgestaltung als ein wirklicher Ruhetag.

Was du für dich tun kannst
Ein Tag in der Woche sollte ein Ruhetag sein. Ein Tag, an dem du nichts für den Beruf, den Haushalt oder Haus und Garten tust. Ein Tag, an dem Ruhe Einlass in die Seele findet und du dich dem Druck, den Sorgen und der Hektik der Woche entziehst. Ein Tag, an dem du Gespräche führen, Gedanken austauschen, dich besinnen oder an dem du in die Natur gehen, mit Kindern spielen und Vögeln lauschen kannst.
Das hört sich einfach an, es gehört jedoch viel

Selbstdisziplin dazu, sich nicht von all dem Lauten und Bunten, das uns geboten wird, ablenken zu lassen. Wenig, einfach, still ist die Devise dieses Tages. Was nicht heißt, dass dein Lachen nicht laut erschallen darf.

Affirmation
Es ist mir eine Freude, heute zu ruhen und meine Kräfte zu sammeln.

Bemerkung
Auch während eines normalen Arbeitstages sollte es Ruhezeiten geben. Eine Viertelstunde genügt oft schon. Dadurch gestaltet sich der Tag rhythmisch, wie auch ein Jahr sich durch die Jahreszeiten rhythmisch gestaltet oder die Abfolge der Wochen durch die Wochenenden.

23 – Der Mond

Die Karte Der Mond steht für das weibliche Prinzip. Frauen fühlen sich ganz und vollständig, wenn sie das Weibliche ganz in sich aufnehmen und wirken lassen. Männern tut es gut, weibliche Aspekte in ihre Männlichkeit zu integrieren. Lehnst du etwas an dir ab? Etwas, was mit deiner Weiblichkeit oder deinen weiblichen Aspekten zu tun hat?

Was du für dich tun kannst

Begib dich an einen ruhigen, kraftvollen Ort, an dem du nicht gestört wirst. Lehne dich an etwas, an die Wand des Raumes, einen Baum etc. Unterstütze deinen Rücken mit einem Kissen. Suche einen festen Stand, aber gib dein Gewicht ab. Stell dir vor, deine Mutter stände vor dir und schaute dich an. Schau ihr in die Augen. Sag ihr: „Liebe Mama" (oder wie immer du sie genannt hast), „du bist meine Mutter, und ich bin deine Tochter. Durch dich nehme ich das ewig Weibliche in mich auf.

Dafür danke ich dir." Nimm dir Zeit, dem nachzuspüren.
Dann lass deine Großmutter, die Mutter deiner Mutter, hinzukommen. Deine Mutter wendet sich ihr zu und sagt genau wie du: „Liebe Mama, du bist meine Mutter, und ich bin deine Tochter. Durch dich nehme ich das ewig Weibliche in mich auf. Dafür danke ich dir." So lässt du es weitergehen bis zu deiner Ururgroßmutter.
Dann stellst du in Gedanken deine Mutter hinter dich. Du spürst das Kissen, das deine Mutter repräsentiert. Spüre dem nach. Hinter deiner Mutter steht wieder ihre Mutter und so fort. Alle Frauen deiner Familie. Welch eine Kraft!

Affirmation
Als Frau: Ich nehme meine ganze Weiblichkeit in mich auf. Oder: Die Frauen meiner Familie gehören zu mir.
Als Mann: Ich nehme meine weiblichen Aspekte in mir an.

Bemerkung
Wenn es für den Prozess hilfreich ist und du vielleicht deine Großmütter nicht persönlich gekannt hast, schau, ob du Fotografien von ihnen

findest. Wie du merkst, ist es für den Prozess unerheblich, ob die Frauen noch leben oder nicht. Auch für heranwachsende Mädchen ist LifeCard Nr. 23, Der Mond, ein guter Start in die Weiblichkeit.
Und noch ein anderer Hinweis: Frauen und Mädchen tragen im Alltag heutzutage Hosen, und nur noch selten Röcke oder Kleider, es sei denn zu festlichen Anlässen. Tatsache ist, dass unsere Kleidung energetisch etwas mit uns macht. Hosen machen nicht weiblicher. Wer mehr weibliche Energie in sich aufnehmen möchte, sollte weibliche Kleidung, Röcke und Kleider tragen. Probier es aus. Am Anfang mag dies ungewohnt sein, du wirst jedoch merken, dass das Tragen von Röcken und Kleidern etwas mit dir macht, was sich sehr gut und rund anfühlt.

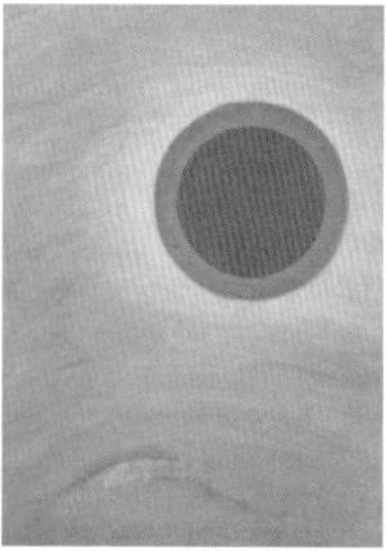

24 – Die Sonne

Die Sonne steht für das männliche Prinzip. Wenn du als Mann diese Karte gewählt hast, fehlt dir vermutlich etwas, um deine Männlichkeit ganz in dich aufzunehmen. Und wenn du als Frau diese Karte gewählt hast, könntest du deine männlichen Aspekte mehr integrieren. Das Annehmen deines Vaters und damit des Männlichen wird dich vervollständigen.

Was du für dich tun kannst
Begib dich an einen ruhigen, kraftvollen Ort, an dem du nicht gestört wirst. Lehne dich an etwas, an die Wand des Raumes, einen Baum etc. Unterstütze deinen Rücken mit einem Kissen. Suche einen festen Stand, und gib dein Gewicht ganz ab. Stell dir vor, dein Vater stände vor dir und schaute dich an. Schau ihm in die Augen. Sag ihm: „Lieber Papa“ (oder wie immer du ihn genannt hast), „du bist mein Vater, und du bist der Beste, den es für mich gibt. Durch dich nehme ich

die ganze Männlichkeit in mich auf.“ Nimm dir Zeit, dem nachzuspüren.
Dann lass deinen Großvater, den Vater deines Vaters, hinzukommen. Dein Vater wendet sich ihm zu und sagt genau wie du: „Lieber Papa, du bist mein Vater, und du bist der Beste, den es für mich gibt. Durch dich nehme ich die ganze Männlichkeit in mich auf.“ So machst du es bis zu deinem Ururgroßvater. Dann stellst du in Gedanken deinen Vater hinter dich. Du spürst das Kissen, das deinen Vater repräsentiert. Spüre dem nach. Hinter deinem Vater steht dein Großvater, hinter ihm dein Urgroßvater und so fort. Alle Männer deiner Familie. Welch eine Stärke!

Affirmation
Als Mann: Ich nehme meine ganze Männlichkeit in mich auf. Oder: Die Männer meiner Familie gehören zu mir.
Als Frau: Ich nehme meine männlichen Aspekte in mir an.

Bemerkung
Um den Prozess zu festigen, suche Fotografien deiner Urväter heraus, gib jeder einen schönen Rahmen, und stelle sie an einen guten Platz, wo

du ihnen täglich begegnen kannst. Wie du bemerkst, ist es für den Prozess selbst unerheblich, ob die Personen noch leben oder nicht. Wenn du selbst schon Vater bist, stelle deinen Sohn mit in die Reihe. Und vergiss nicht, dein eigenes Bild einzufügen!
Für heranwachsende, junge Männer ist LifeCard Nr. 24, Die Sonne, eine gute Grundlage für ihr späteres Mannsein.

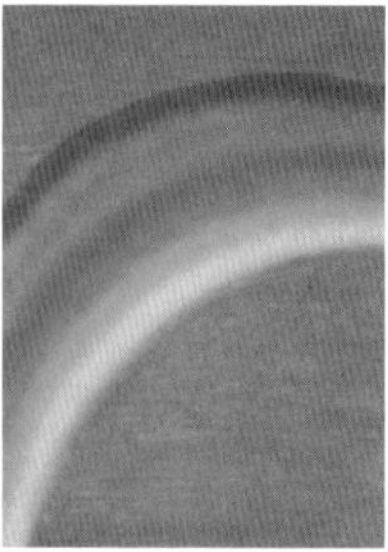

25 – Der Regenbogen

Interessant, du hast den Regenbogen gezogen! Oder man kann es auch so sehen: Der Regenbogen hat dich gefunden. Der Regenbogen ist eine viel spirituellere Karte, als es auf den ersten Blick scheint.

Was du für dich tun kannst
Schließe die Augen und lass vor deinem inneren Auge oder in deinem inneren Gewahrsein einen

Regenbogen entstehen. Sieh alle Spektralfarben deutlich. Fühle, wie der Bogen sich über die Erde spannt. Gehe nun zu dem linken Ende des Regenbogens, und spüre, wie dich seine Kraft bis nach oben in den Zenit trägt. Genieße den Augenblick. Sei offen für alles, was dir dort begegnet. Gleite zum anderen Ende hinab, und stelle dich vor den Bogen. Sieh noch einmal deutlich alle seine Farben. Dann stelle dich in Gedanken genau in die Mitte unter den Bogen, und atme nacheinander seine Farben ein: Rot, Orange, Gelb, Grün, Türkis, Blau, Violett. Du bist erfüllt von allen Farben.

Affirmation
Ich bin in der Kraft des Regenbogens. Ich bin im Bund mit ihm.

Bemerkung
Der Regenbogen verbindet Himmel und Erde und ist ursprünglich ein Symbol für den Bund zwischen Gott und allen Lebewesen. Ist es das, was du brauchst? Eine Art Bund mit Gott, ein Bund mit dem Universum?

26 – Der Engel

Engel gibt es für die Menschen, die an sie glauben. Möchtest du deinen Engel kennenlernen? Ach, du denkst, es gibt gar keine?! Seltsam … Du hast doch die Karte gezogen …

Was du für dich tun kannst
In einer entspannten Phase sprich einfach innerlich zu deinem Engel. Bitte ihn, dass er sich dir zu erkennen gibt, weil du ihn gerne kennenlernen möchtest. Tu dies mit dem Herzen und nicht mit dem Kopf! Vertraue darauf – er wird sich melden, wenn die Zeit gekommen ist. Das kann sehr unterschiedlich wahrgenommen werden. Manchmal spürt man die Gegenwart, oder man hört eine innere Stimme und stellt überrascht fest, dass es nicht die eigene ist. Und dann? Du kannst ihn zum Beispiel um Unterstützung und Schutz bitten oder ihm einfach erzählen, was du auf dem Herzen hast.

Affirmation
Ich danke für die Gegenwart meines Engels.

Bemerkung
Wundere dich nicht, wenn du vielleicht sogar mehr als einen Schutzengel hast. Für die, die ihren Engel bereits kennen, zeigt die Karte an, dass es wichtig ist, jetzt mit ihm Kontakt aufzunehmen und sich innerlich mit ihm zu beschäftigen.
Engel sind androgyn, also weder männlich noch weiblich. Androgynität ist jedoch eine Qualität, die wir hier auf der Erde nicht kennen. Daher erscheinen uns Engel entweder als männliche oder weibliche Wesen. Sei einfach offen!

27 – Der Schoß

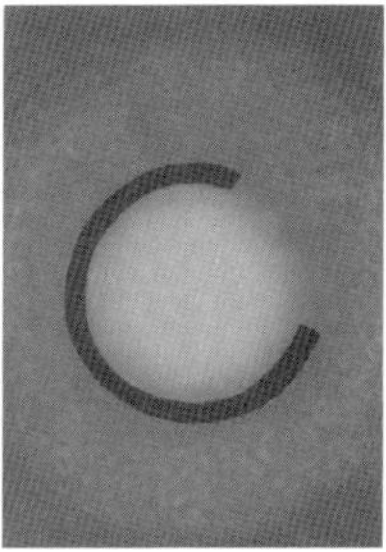

Du hast die Karte Der Schoß gezogen. Du bist vermutlich am Ende deiner Kräfte. Du brauchst nur eines: gehalten zu werden. In jungen Jahren übernimmt das Halten unsere Mutter. Aber später? Wenn wir erwachsen sind, ist ein Urmutterschoß für uns da, und dieser Urschoß ist Gott. Ich meine Gott im weitesten Sinne. Du kannst es auch Universum oder höheres Selbst nennen oder eine andere Bezeichnung, die Dir entspricht, dafür finden. Wir brauchen absolutes Urvertrauen, um uns fallen lassen zu können. Definieren wir Gott doch einmal so: Wir tanzen unser Leben auf einem Drahtseil. Aber es gibt darunter auch ein Netz, und das ist Gott. Wir können also abstürzen und werden doch aufgefangen. Ein Urinstinkt in uns weiß: Wir werden gehalten. Wenn wir dieses Urgefühl nicht haben, sind wir irgendwann ausgelaugt, am Ende unserer Kräfte, denn es ist sehr anstrengend, da oben auf dem Seil ständig allein balancieren zu müssen.

Was du für dich tun kannst

Entspanne dich, am besten morgens vor dem Aufstehen und abends, bevor du einschläfst. Gehe in Gedanken in eine kleine Höhle, in der du dich geborgen fühlen kannst. Statte diese Höhle nach deinen Vorstellungen aus, z.B. schön gepolstert mit Lammfell oder weichen Federn und Kissen. Das Licht ist angenehm warm und gedämpft. Die

Temperatur ist genau richtig für dich. Affirmiere in Gedanken oder mit leiser Stimme.

Affirmation
Ich bin geborgen in deinem Schoß. Ich bin sicher an diesem Ort.

Bemerkung
Die Gedanken, die ich dir eben angeboten habe, entspringen eher der Idee einer externen Kraft, einem „Gott“, der außerhalb von dir existiert. Um das Bild zu vervollständigen, könntest du noch eine zweite Idee in dir wirken lassen. Die Idee, dass wir Göttliches in uns haben. So sind wir nie wirklich getrennt von dem, was wir Gott oder Universum nennen. Wir sind nie wirklich getrennt von guten, unterstützenden Kräften. Wir sind das Netz, und wir sind das Drahtseil, und wir sind auch der luftgefüllte Raum darum herum. Wir sind das Sein an sich.

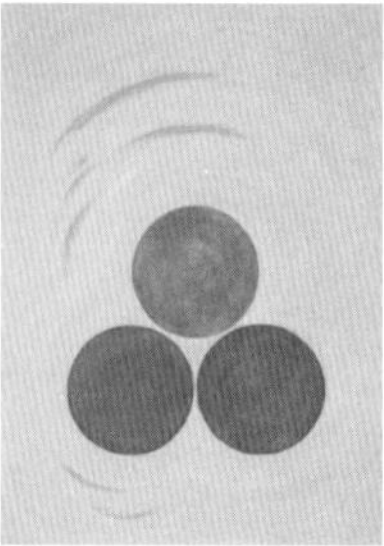

28 – Das Salz

Salz ist das Elementarste, was es gibt. Genau genommen bestehen wir nur aus Salzen und Wasser. Ohne Salz gäbe es kein Leben. Da du diese Karte gezogen hast, brauchst du etwas ganz Elementares. Vielleicht buchstäblich Salz oder … Das Elementarste im Menschen ist die Liebe.

Was du für dich tun kannst
Setze dich aufrecht hin, vielleicht auch im Schneidersitz. Schließe die Augen und bringe dich in einen entspannten Zustand. Visualisiere das Salz in deine Hände hinein. Nimm die Farbe des Salzes auf, und leite es über deine Hände und Arme direkt in dein Herzchakra (das ist die Gegend deines oberen Brustkorbes). Erfülle dein Herz mit diesem Farbton, und lass es scheinen und leuchten. Was nimmst du in deinem Körper wahr? Welche Gefühle entstehen? Kommen dir Erinnerungen und Gedanken? Lass einfach alles an dir vorüberziehen. Bemerke es, werte es jedoch

nicht. Du wirst es spüren, wenn der Prozess abgeschlossen ist.

Affirmation
Ich bin reine Liebe. Mein Körper ist reine Liebe. Mein Geist ist reine Liebe. Meine Seele ist reine Liebe. Ich bin reine Liebe.

Bemerkung
Eines der besten Salze ist das Himalaya-Salz, es hat die Kraft, das Herzchakra zu öffnen. Zur Unterstützung kann daher die Meditation mit einem Brocken Himalaya-Salz ausgeführt werden, den man in den Händen hält und eventuell ans Herzchakra führt. Es kann auch sehr wohltuend sein, das Salz für einige Tage oder Wochen in einem kleinen Beutelchen in Herznähe bei sich zu tragen. Das ist auch sehr stärkend für Kinder. Überprüfe, ob dein Körper vielleicht auch buchstäblich Salz wegen der darin enthaltenen Mineralsalze braucht. Dann nimm täglich einen Teelöffel Sole in Wasser ein.

29 – Die Spirale

Die Bewegung der Spirale kann in zwei Richtungen verlaufen. Von außen nach innen oder von innen nach außen. Sie kann daher sowohl den Rückzug als auch das Aus-sich-Herausgehen symbolisieren. Und tiefer gehend auch Leben und Tod.

Was du für dich tun kannst
Die Spirale mit Unterstützung einer Gruppe zu laufen hat am meisten Kraft. Suche dir also Gleichgesinnte, die mit dir den Prozess durchschreiten möchten. Zuerst bereitet eure Spirale vor. Legt aus Tannengrün und Moos eine Spirale, so groß, dass man darin laufen kann. Fügt für das Element Wasser Muscheln hinzu, für die Erde Edelsteine, für die Luft Rosen und im Zentrum der Spirale eine große helle Kerze für das Element Feuer. Neben die Kerze kommen noch weiße Lilien als Symbol für den Tod. Dann verteilt goldene Sterne aus Pappe, so viele, wie Personen am Spirallauf teilnehmen. Nun

braucht ihr noch ein Lied oder Mantra, das ihr fortwährend singen oder wiederholen wollt. Die Wahl bleibt euch selbst überlassen, es sollte jedoch energetisierend sein. Ein Beispiel wäre „Om na ma Shiva“ oder „Ich bin die Wahrheit und das Leben“ oder Ähnliches. Jeder von euch braucht auch noch eine kleine Kerze mit Halter, mit der ihr euer Lebenslicht holen könnt.
Der Prozess selbst: Alle sitzen um die Spirale, es ist Abend und bereits dunkel. Nur die Kerze in der Mitte brennt. Jeder hat seine Kerze in Händen. Gemeinsam singt ihr das Lied oder wiederholt das Mantra. Immer und immer wieder, ohne Unterbrechung, bis alle die Spirale zweimal durchlaufen haben. Der Erste läuft mit seiner Kerze ganz wahrnehmend bis zum Inneren der Spirale und holt sich dort das Lebenslicht, setzt es auf den von innen gesehen ersten Stern und schreitet dann ruhig aus der Spirale wieder hinaus. So geht es fort, bis die ganze Spirale erleuchtet ist. Wenn alle das Lebenslicht geholt haben, geht wieder der Erste, um sein Licht zu holen. Am Ende der Spirale angekommen, löscht er sein Licht und setzt sich wieder auf seinen Platz. So wird alles wieder dunkler und dunkler. Zum Schluss wird auch das Lebenslicht im Inneren der Spirale gelöscht.

Affirmation
Leben und Tod – innen wie außen.

Bemerkung
Traditionell kenne ich die Spirale aus der Anthroposophie als Adventsgärtlein während der Adventszeit. Dort singt man das Weihnachtslied „Über Sternen, über Sonnen“ während des Laufens. Die Kerzen stecken in mit Tannengrün verzierten Äpfeln. Bereits die Kinder im Kindergartenalter laufen die Spirale im Adventsgärtlein.

30 – Die Liebe

Wenn man alle Äußerlichkeiten im Leben weglässt, wenn man Gefühle auf einen einzigen Kern reduziert, wenn man auf das schaut, was den Menschen wirklich nährt und am Leben erhält, bleibt nur die Liebe. Wenn dich diese Karte angezogen hat, musst du wieder zu einer tiefen Verbindung mit diesem einzigen Kern kommen. Liebe kann man nicht erlernen oder üben, sie kann nur erfühlt werden. Daher kann ich dir nur empfehlen, über die Liebe in dir zu meditieren.

Was du für dich tun kannst

Setze dich bequem, aber aufrecht hin, und schließe die Augen. Sei ganz bei dir. Atme für eine Weile von Wendepunkt zu Wendepunkt. Lass dich von dem, was du erleben wirst, berühren.

Sinne über die verschiedenen Arten von Liebe nach: über die Liebe eines Kindes zu seinen Eltern, der Eltern zu ihrem Kind, zwischen Geschwistern, zwischen Freunden, zwischen Liebenden, zwischen dem Göttlichen und den Menschen und über die Liebe zu dir selbst.

Nimm alles wahr, was dir begegnet. Das mag ein Gefühl, eine Erinnerung, ein Erlebnis oder ein Mensch sein. Öffne dich deinem höheren Selbst und dem Universum. Lass dich davontragen und heilen. Vertraue darauf, dass alle Probleme, die dich an der grundsätzlichen Liebe hindern, auf allen Ebenen und in allen Zeitbegriffen gelöst werden. Begib dich ins absolute universelle Sein!

Affirmation
Die Liebe fließt in mir und in allem, was lebt.

Bemerkung
Im Griechischen gibt es mehrere Begriffe für unser Wort ‚Liebe'. Die Art von Liebe, die hier angesprochen wird, ist Agape. Eine Liebe, die auf Grundsätzen und Ordnungen beruht. Es bietet sich an, 21 Tage lang zu meditieren (siehe LifeCard Nr. 21, Die besondere Zeit). Die beste Zeit des Tages für Meditation ist zwischen drei und sechs Uhr morgens. Um diese Zeit ist die Luft noch klar und nicht mit den tausend Aktivitäten der vielen Menschen angefüllt. Durch diese Klarheit kommst du auch klarer an dich selbst heran. 20–60 Minuten pro Tag genügen.

Grundsätzliches zu den Affirmationen

Affirmationen sind Bejahungen, die durch Wiederholung eine gewisse Kraft zur Autosuggestion haben. Das bedeutet, dein Unterbewusstsein wird positiv programmiert. Positive Glaubenssätze bringen positive Handlungen hervor. Auch hier gilt: Der Geist beeinflusst die Materie.

Da wir in Europa multikulturell sind, denke ich, dass Menschen mit verschiedenen Muttersprachen die LifeCards benutzen werden. Für das Unterbewusstsein ist es am intensivsten, die Affirmation in der Muttersprache zu sprechen. Das hat die meiste Kraft.

Sprich die Affirmationen täglich. Unter Umständen ist es hilfreich, zur Verstärkung den 21-Tage-Prozess (siehe LifeCard Nr. 21, Die besondere Zeit) zu durchlaufen.

Um die Affirmationen besser ins Unterbewusstsein sacken zu lassen, kann man auch eine Klopftechnik benutzen. Während man die Affirmation erst ein paar Mal laut und dann im Geiste spricht, klopft man den Dünndarm-Meridianpunkt 3 erst der einen, dann der anderen Hand. Das verstärkt. Der Punkt ist an der Außenkante der Hand zu finden – wenn man eine lose Faust bildet, direkt an der ersten Falte vom Handgelenk her gesehen.

Alle Affirmationen auf einen Blick

I: Ich gehöre hierher und bin willkommen. Diese Welt ist mein sicherer Ort.

II: Ich werde getragen und unterstützt, wann immer ich es brauche.

III: Das Licht der Sonne wärmt und heilt alles, was mich je verletzt hat. Ich darf mich zeigen. Mich und meine Sonne.

IV: Ich nehme das Leben und das Leben nimmt mich. Ich atme den Odem des Lebens.

V: Ich muss nichts tun, um geliebt zu werden.
VI: Mein Geburtsrecht gehört mir. Mein Leben gehört mir. Mein Leben ist in meiner Hand.

1: Die Erde trägt mich. Mutter Erde und ich sind eins.
2: Der Himmel hält mich sanft.
3: Ich bin ich. Meine Mitte ist stark.
4: Meine Energien schwingen im Einklang miteinander. Ich bin stabil und sicher.
5: Je nach Farbe; z.B.: Ich bin ganz Gold. Ich atme Gold.
6: Meine Energien sind ausgewogen, bunt und fröhlich.
7: Ich trinke die Wasser des Lebens.
8: Ich schwinge mit der Welt und dem Leben.
9: Es ist mir eine Lust mich zu bewegen.
10: Meine Stimme ist der Ausdruck der vielen Facetten meines Selbst.
11: Der Knoten wird zum glatten Band.
12: Mein Herz ist der Quell meines Lebens.
13: In mir fließt der Strom des Lebens.
14: Geben und Nehmen lassen mich im Fluss des Universums sein.
15: Die Affirmation ist in diesem Fall dein persönlich zusammengestellter Satz für deine Situation.
16: Mein Gruß ist wie ein Stein, der ins Wasser fällt.
17: Auch in meiner Wut habe ich ein Recht darauf, geliebt zu werden. Das Meer reinigt und klärt meine Gefühle.
18: Ich bin im Zentrum meines Selbstbewusstseins. Ich erkenne und bejahe mein göttliches Ich.
19: Ich bin ich! Ich glaube! Ich erschaffe! Ich bin die Kraft des Guten!
20: Mein Gott/meine Göttin gibt mir Kraft und Odem. Oder: Das Universum gibt mir Kraft und Odem.
21: Ich heiße das Gute in meinem Leben willkommen.

22: Es ist mir eine Freude, heute zu ruhen und meine Kräfte zu sammeln.
23: Als Frau: Ich nehme meine ganze Weiblichkeit in mich auf. Oder: Die Frauen meiner Familie gehören zu mir.
Als Mann: Ich nehme meine weiblichen Aspekte in mir an.
24: Als Mann: Ich nehme meine ganze Männlichkeit in mich auf. Oder: Die Männer meiner Familie gehören zu mir.
Als Frau: Ich nehme meine männlichen Aspekte in mir an.
25: Ich bin in der Kraft des Regenbogens. Ich bin im Bund mit ihm.
26: Ich danke für die Gegenwart meines Engels.
27: Ich bin geborgen in deinem Schoß. Ich bin sicher an diesem Ort.
28: Ich bin reine Liebe. Mein Körper ist reine Liebe. Mein Geist ist reine Liebe. Meine Seele ist reine Liebe. Ich bin reine Liebe.
29: Leben und Tod – innen wie außen.
30: Die Liebe fließt in mir und in allem, was lebt.

Danksagung

Ich möchte mich bei Grethe Fremming und Rolf Havsboel vom Polaris Center, Kirke Hyllinge, Dänemark, bedanken. Die Visualisierung mit den Pferden (LifeCard 18) und dem Herzen (LifeCard 12) lernte ich bei einem ihrer Seminare kennen, und sie haben mir erlaubt, sie zu verwenden. Grethe und Rolf haben die Transformations-Kinesiologie entwickelt, eine spirituelle Kinesiologie, die sehr alltagstauglich ist. Vielen Dank an euch!
Dank auch an Heike und Heike, die sich für ein erstes Lesen des Begleitbüchleins Zeit genommen haben. Euer Feedback hat mich inspiriert.
Auch großen Dank an Claudia Huter, die mir mit ihren einführenden Worten eine große Freude gemacht hat. Claudia, herzlichen Dank für die guten Tipps zu flüssigen Formulierungen.

Ohne Klaus Holitzka wäre manches anders gekommen. Die Qualität der Bilder habe ich seinem künstlerischen Rat und seiner unglaublich unterstützenden Tat zu verdanken. Ich weiß gar nicht, wie viele Steine ich bei ihm im Brett habe, vermutlich unzählige. Holly, auch dir meinen größten Dank!
Und ohne meine Freundin Ecki gäbe es gar keine LifeCards, denn sie war diejenige, die mit ihrem Bauchgefühl und mit einem engagierten Telefonat den berühmten Stein ins Rollen brachte. Dafür danke ich auch dir!

Über die Autorin

Tabitha M. E. Vogler ist 1962 in Nord-Baden-Württemberg an der Bergstraße geboren und dort auch aufgewachsen. Durch ihren ersten Beruf konnte sie sich ein umfangreiches Wissen über Ernährung aneignen. Seit 1994 führt sie eine kinesiologische Beratungspraxis, die sie seit 1998 als Heilpraktikerin weiterführt. In ihre Praxis kommen Männer, Frauen und Kinder mit sehr verschiedenen sozialen Hintergründen und in den unterschiedlichsten Lebensphasen. Parallel dazu ist die Autorin auch in der Erwachsenenbildung tätig und hat bereits zahlreiche Seminare und Vorträge zu Themen wie persönliche und spirituelle Weiterentwicklung, Gehirnjogging, Naturheilkunde, Energiearbeit, Kinesiologie und Craniosacral-Therapie gehalten.
Ihre Klienten und Kursteilnehmer haben sie durch ihre Fragen und durch ihr Bedürfnis, etwas in Schriftform zu haben, zu diesem Kartenset angeregt.